쪼물딱루씨의
손뜨개 인형

**쪼물딱루씨의
손뜨개 인형**

1판 1쇄 펴낸날 2021년 5월 10일

지은이 김윤정

기획편집 신이수
편집 디자인 이지선
도안 디자인 구지혜
사진 여름하스튜디오

펴낸곳 도림북스
출판등록 제399-2017-000024호
블로그 blog.naver.com/dorimbooks
이메일 dorimbooks@naver.com

ISBN 979-11-87384-21-2 13630
© 김윤정, 2021, Printed in Korea

* 이 책은 저작권법에 따라 한국 내에서 보호받는 저작물이므로 무단전재와 복제를 금합니다.
* 이 책 내용의 일부 또는 전부를 재사용하려면 반드시 저작권자와 도림북스 양측의 동의를 받아야 합니다.

쪼물딱루씨의 손뜨개 인형

김윤정 지음

누구나 쉽게 만들 수 있는 코바늘 인형 50여 가지

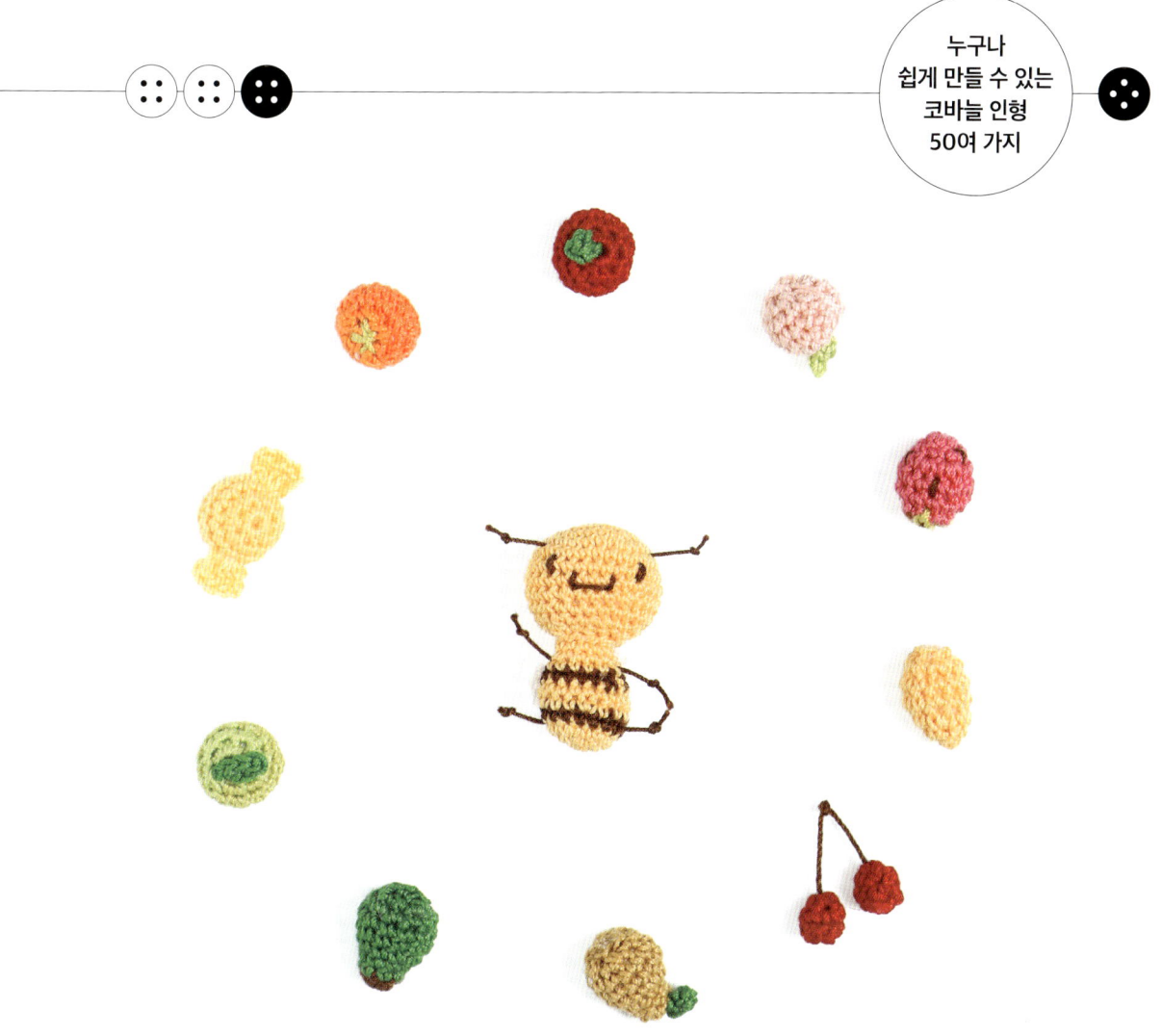

도림북스

Prologue

누구나 쉽게 만들 수 있는 코바늘 손뜨개 인형

손뜨개 인형 만들기를 간단하게 3단계로 나누어보면 "1단계 뜬다 → 2단계 조립한다 → 3단계 수놓는다"로 정리할 수 있습니다. 손뜨개 인형 만들기의 각 단계마다 강조하고 싶은 것들을 생각해 보았습니다.

1단계 인형을 뜰 때는 한 호수 작은 바늘로 뜨거나 촘촘히 뜨는 것을 추천합니다.

2단계 조립은 균형이 잘 맞을 때까지 여러 번 시도하길 바랍니다.

3단계 눈과 코와 입, 새 생명을 창조한다는 마음으로 귀엽고 사랑스럽게 수놓아주세요.

코바늘 손뜨개 인형 Q&A

코바늘 인형 뜨기

1 여러 가지 기법(p.12)
여러 가지 코바늘 뜨개기법을 배울 수 있도록 담았습니다.

2 실 걸기와 바늘 잡기(p.14)
타래에서 실 꺼내기, 왼손에 실 걸기, 오른손에 바늘 잡기를 배워봅시다.

3 짧은뜨기
: 인형 만들기(p.20~29), 스티치마커(p.24)
매 단에 기둥코를 세우지 않고 원형으로 돌아가며 뜹니다. 단의 시작과 끝을 알기 어려워 스티치마커나 자투리 실을 끼워 표시해가며 뜹니다. 시작과 끝이 도드라지지 않아 인형을 곱고 예쁘게 만들 수 있습니다.

4 짧은뜨기
: 인형옷 만들기(기둥코를 세워가며 뜨기, p.79)
매 단에 기둥코와 빼뜨기가 반복됩니다. 바늘 넣어 뜨는 위치를 정확하게 숙지해야 코가 늘거나 줄지 않습니다. 시작과 끝이 분명하기 때문에 옷을 뜰 때 매 단을 정확하게 끝맺음하여 뜰 수 있습니다. 시작과 끝이 도드라지는 단점이 있습니다.

5 실 바꾸기(p.32)
기법 완성 직전 미완성코에서 새 실을 걸어와 바꿉니다.

6 새 실 연결하기(p.50)
작품에 바늘을 넣고 새 실을 바늘에 걸어 빼내와 연결해 뜹니다.

코바늘 인형 조립하기

1 솜 넣기(p.27)
인형을 뜨고 난 뒤 솜을 어떻게 얼마나 넣어야 하는지 궁금하시죠.
작품을 상상하며 1단부터 꼼꼼히 채워줍니다. 손이 닿지 않는 곳은 겸자를 이용해 채워줍니다. 많이 넣어 편물이 늘어나거나 적게 넣어 작품이 초라하지 않게 넣어주세요.

2 구멍 막기(p.27)
1코마다 1번씩 감춰주고 힘껏 당겨 조여줍니다.

3 매듭짓고 실 정리(p.28)
매듭을 짓고 실을 정리하고 조각을 이어 붙여 완성합니다.

4 기본 조립(머리 몸통 팔 다리, p.73~78)
머리 몸통 팔 다리 연결부터 매듭짓고 실 정리하고 수놓기까지 한번에 담았습니다.
★ 균형이 잘 맞을 때까지 조립을 여러 번 시도해주세요!

5 동물 조립(귀 주둥이 꼬리 등, p.97~103)
기본 조립 외에 귀 달기, 주둥이 달기, 꼬리 달기 및 동물의 땅콩 주둥이 만들기를 담았습니다.

가장 많이 궁금해 하는 것들을 한눈에 정리해 보았습니다.

손뜨개 인형 책으로 다시 만나 뵙게 되어 기쁩니다.
책 만들기에 다소 진심인편이라 입문자들은 어떤 것들이 궁금할까? 어떤 것들이 어려울까? 라는 질문을 스스로에게 하며 오랜 시간 마음을 다해 만들었습니다. 손뜨개 입문자들이 뜨기 적합한 standard 사이즈의 인형부터 장님이 될 것만 같지만 포기할 수 없는 micro, 굵은 churros 실로 뜬 작품까지 다양하게 담았습니다. 복숭아숲 에디터, 여름하스튜디오, 구씨 디자이너, wt 북디자이너, 책이 나오기까지 애써주신 모든 분들 감사합니다.

2021년 봄날 쪼물딱루씨 올림

Contents

Basics
손뜨개의 기초

Tools 도구 10
Crochet sign 코바늘 뜨개 기호 12
How to start 시작하기 14

Part 1
처음 인형 First dolls

쪼꼬미 과일 18
사과, 복숭아, 서양배, 아보카도, 귤, 레몬, 체리, 딸기, 바나나

귀요미 과일 44
체리, 사과, 복숭아, 서양배, 아보카도, 귤, 레몬, 딸기, 바나나

Part 2
인형 놀이 Doll play

소년과 소녀 68
알로하 개미와 얼룩 고양이 92

Part 3
야미얌 친구들 Yamiyam friends

서양배 곰, 사과 토끼 110
레몬 멍, 멸치 야옹 112
바나나 원숭이, 체리 수달 114

Part 4
희로애락잠멍 Emotion dolls

희 강아지 뼈다귀, 로 고양이 물고기 122
애 곰 고기, 락 원숭이 바나나 125
잠 수달, 멍 토끼 128

Part 5
축제 Festival

핼러윈 132
크리스마스 140

Part 6
마이크로 크로셰
내 손의 인형 Micro crochet dolls

우리 결혼했어요! 162
0세 스위트 베이비 172
스위트 꿀벌, 마카롱, 아이스크림, 캔디 176
2세 해변으로 가요 180
4세 숲 탐험 194
6세 Stay at home 202

Part 7
스페셜 인형 Special dolls

Our Hero 배트맨 슈퍼맨 212
New-tro 내복남 백수녀 218

색인 224

Basics
손뜨개의 기초

Tools 도구

기본 도구

① 실 : 울사, 면사, 아크릴, 자수실 등이 있다.
② 코바늘 : 실의 굵기에 맞는 바늘을 선택한다.
③ 돗바늘 : 작품을 연결하거나 수놓을 때 그리고 마무리할 때 사용한다.
④ 가위 : 실 끝을 자르거나 펠트를 자를 때 사용한다.
⑤ 솜 : 인형의 속을 채운다.

있으면 편리한 도구

⑥ 겸자 : 솜을 넣을 때 사용한다. 솜을 구석구석 넣을 수 있다.
⑦ 송곳 : 인형의 솜을 고루고루 펴줄 수 있다.
⑧ 스티치마커 : 인형의 부속들을 연결하거나 수놓을 위치를 표시할 때 사용한다.
⑨ 시침핀 : 귀, 팔다리, 꼬리 등 조립 전 위치를 잡을 때 사용한다.
⑩ 재봉실과 바늘 : 펠트, 눈알 등 섬세한 연결이 필요할 때 사용한다.
⑪ 줄자 : 작품의 크기를 잴 때 사용한다.
⑫ 기화펜, 수성펜 : 수놓을 위치나 부속을 달 위치를 표시한다.

부자재

⑬ 인형눈 : 구슬눈, 단추눈은 재봉실로 연결하고, 그 외의 눈 와셔 또는 접착제를 이용해 연결한다.
⑭ 펠트, 펠트볼, 솜방울 : 코 또는 장식에 사용한다.
⑮ 강력접착제, 글루건 : 눈알, 펠트볼, 솜방울 등 부속을 달 때 사용한다.
⑯ 원단 : 이불, 옷, 모자 등 소품을 만들 때 사용한다.
⑰ 삑삑이, 딸랑이, 자석 : 인형의 본체에 넣어 필요에 따라 사용할 수 있다.
⑱ 고리, 오링, 오링반지, 플라이어 : 백참이나 열쇠고리를 만들 때 사용한다.

Crochet sign 코바늘 뜨개 기호

기본 뜨기

사슬뜨기 (20쪽 참고)

빼뜨기 (22쪽 참고)

짧은뜨기 (21쪽 참고)

긴뜨기 (47쪽 참고)

한길긴뜨기 (48쪽 참고)

두길긴뜨기

코 늘리기

짧은2코넣어뜨기
(24쪽 참고)

긴2코넣어뜨기

한길긴2코넣어뜨기
(150쪽 참고)

두길긴2코넣어뜨기

코 줄이기

짧은2코모아뜨기
(25쪽 참고)

한길긴2코모아뜨기
(156쪽 참고)

두길긴2코모아뜨기

걸어뜨기

한길긴 앞걸어뜨기
(152쪽 참고)

한길긴 뒤걸어뜨기
(153쪽 참고)

이랑뜨기

짧은이랑뜨기
(83, 86쪽 참고)

긴이랑뜨기

한길긴이랑뜨기
(142쪽 참고)

그 외

한길긴3코구슬뜨기
(184쪽 참고)

피코뜨기
(143쪽 참고)

How to start 시작하기

실 꺼내기 타래에서 실 꺼내는 방법

1 왼손으로 실을 잡고 오른손으로 실타래 속에 손가락을 넣어 실 끝을 찾는다.

2 실 끝을 잡고 바깥으로 빼낸다.

실 걸기 & 바늘 잡기

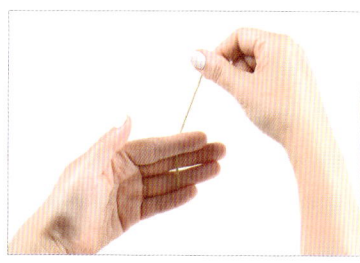
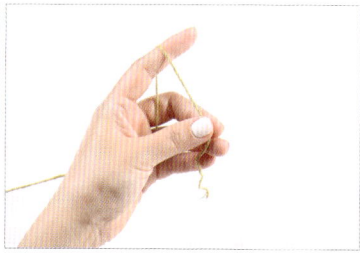

1 약지와 소지 사이로 실을 끼운다.

2 검지에 실을 걸고 엄지와 중지로 실 끝을 잡는다.

3 바늘의 끝이 아래로 향하게 하고 엄지와 검지로 연필 쥐듯 바늘을 잡는다.

쉬운 손뜨개 인형 만들기

손뜨개 인형 만들기가 어렵다고 생각하시나요?
기본 기법(짧은뜨기)만으로도 귀여운 인형을 충분히 만들 수 있어요.
간단하면서도 귀여운 손뜨개 인형 만드는 방법 3단계를 함께 알아보아요.

1 인형의 각 부분을 뜬 다음 솜을 넣는다.

2 균형을 맞춰 가며 바느질로 조립한다.

3 얼굴에 눈, 코, 잎 등을 수놓아 완성한다.

쪼꼬미 과일　　　귀요미 과일

Part 1

난이도 ✸

처음 인형

쪼꼬미 과일

손뜨개 인형이 처음이라면 standard
조금 익숙해지면 micro 인형도 만들어보세요.
자, 시작해볼까요?

준비물

실, 코바늘, 가위,
돗바늘, 솜, 겸자

standard	면사 2mm
	모사용 코바늘 4.5호(2.75mm)
micro	면사 20수(1mm)
	레이스 코바늘 4호(1.25mm)

부자재

시침핀, 핀쿠션

사용 기법

사슬뜨기, 빼뜨기,
짧은뜨기

쪼꼬미 사과

실 색깔
- 🟢 연두
- 🟢 진초록

완성 크기
standard 2×2cm
micro 0.8×0.8cm

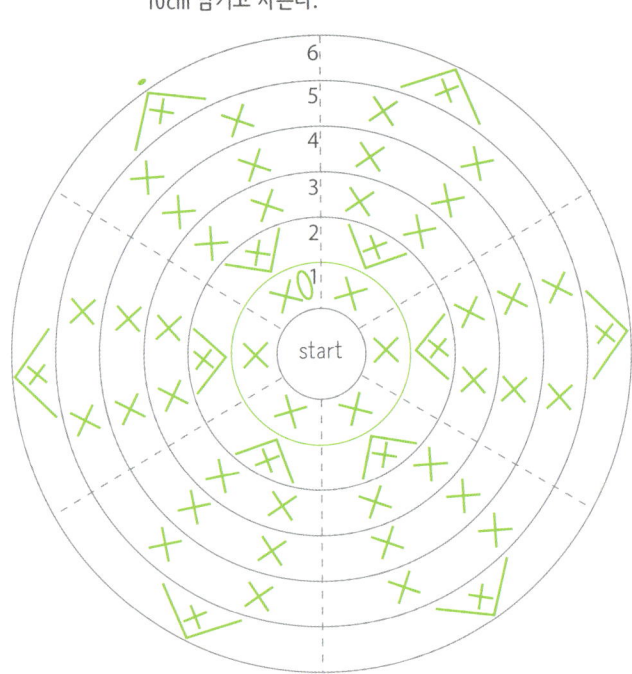

10cm 남기고 자른다.

How to make 사과잎

◯ 사슬뜨기로 시작하는 기초코

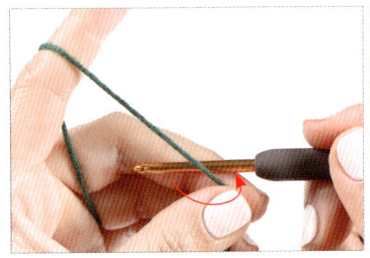

1 바늘을 실 뒤에 두고 화살표 방향으로 한 바퀴 돌려준다.

2 왼손의 엄지와 중지로 교차점을 잡아준다.
TIP 교차점을 잡지 못하면 사슬뜨기를 시작할 수 없어요.

3 바늘에 실을 걸어 화살표 방향으로 빼낸다.

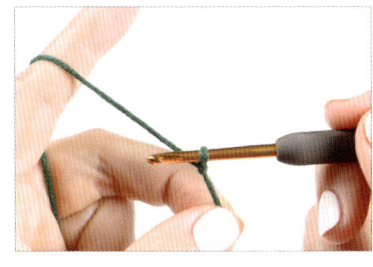

4 실 끝을 당겨 조인다. 이 매듭은 사슬코로 헤아리지 않는다.

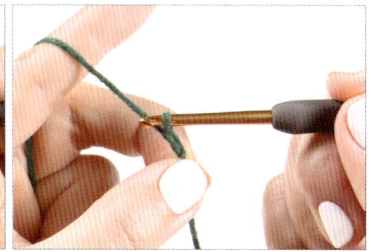

5 바늘에 실을 걸어 고리 사이로 빼내 사슬을 만든다.

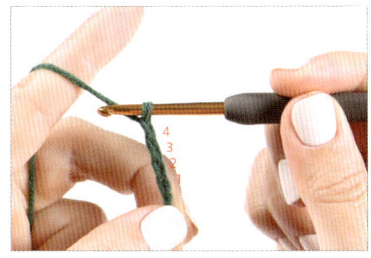

6 사슬뜨기 4번

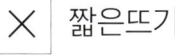 짧은뜨기

1 기초코의 두 번째 코의 사슬코를 확인한다.

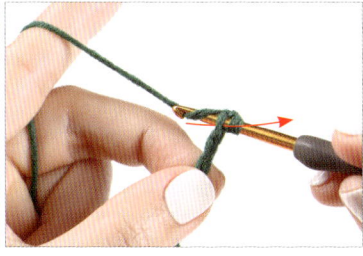
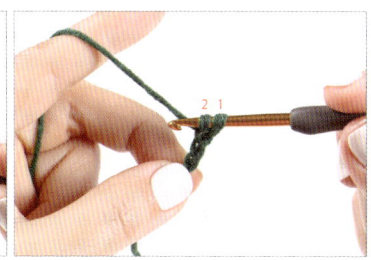

2 코 사이에 바늘을 넣고 바늘에 실을 걸어 화살표 방향으로 빼낸다. 두 가닥을 확인한다.

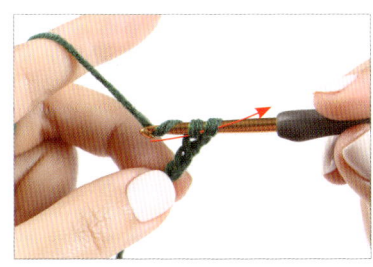

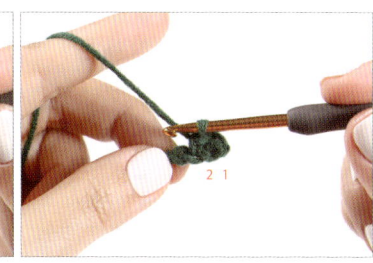

3 다시 한번 바늘에 실을 걸어 두 가닥 사이로 빼낸다.

4 짧은뜨기 1번한 모습

5 다음 코에 **2~3**을 반복하여 한 번 더 짧은뜨기한다.

● 빼뜨기

6   코에 바늘을 넣고 실을 걸어 화살표 방향으로 한번에 빼뜨기한다.

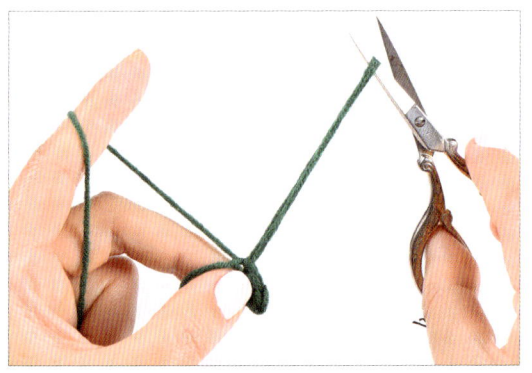

7   마무리하기 위해 실 끝을 10cm 남기고 자른다.

8   사과잎 완성!

사과

손가락에 감아 시작하는 원형코

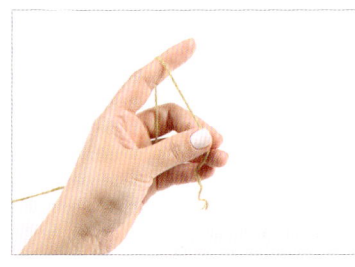

1   왼손의 검지에 실을 걸고 엄지와 중지로 실 끝을 잡는다.

2   실 끝을 뒤에서 앞으로 2번 감는다.

3   원형코 안에 바늘을 넣어 바늘에 실을 걸어 화살표 방향으로 빼낸다.

1단 : 사슬뜨기   × 짧은뜨기

4 이어 사슬뜨기를 1번 한다.

사슬뜨기 1번 (짧은뜨기 기둥코)
TIP 기둥코란 단을 시작할 때 그 단과 같은 높이로 떠주는 사슬을 뜻하며 여러 기법 중 짧은뜨기만 기둥코의 콧수로 헤아리지 않는다.

1 원형코 안에 바늘을 넣고, 바늘에 실을 걸어 화살표 방향으로 빼낸다.

2 두 가닥을 확인한 뒤 다시 한번 바늘에 실을 걸어 두 가닥 사이로 빼낸다.

3 짧은뜨기 1번

4 1~2를 5번 반복하여 짧은뜨기를 6번 뜬다(6코).

5 실 끝을 당겨 줄어드는 실을 확인한다.

6 줄어든 실의 움직이는 방향으로 당겨 실 1가닥을 먼저 조여준다.

7 남은 1가닥을 화살표 방향으로 당겨 원형코를 조여준다.

8 1단(6코) 완성(원형코 완성)

2단 : 스티치마커 실 걸기

▽ 짧은2코넣어뜨기

1 실이나 마커를 걸어 2단의 시작을 표시한다.
TIP 짧은뜨기는 시작과 끝을 찾기 어려우므로 스티치마커나 실로 단의 시작을 표시해둔다.

2 1단의 첫 번째 코의 머리를 확인한다.

3 짧은뜨기를 1번 한다.

4 같은 코에 한 번 더 짧은뜨기한다. 짧은뜨기 2번(1코가 2코로 늘어남)

5 3~4를 5번 반복하여 뜬다(12코).

6 매 단마다 실을 걸어 단의 시작을 표시해가며 코의 증감 없이 뜬다.

⋀ 6단 : 짧은2코모아뜨기

1 이전 단의 첫 번째 코의 머리를 확인한다.

2 코의 머리에 바늘을 넣고 실을 걸어 화살표 방향으로 빼낸다(짧은뜨기 미완성코 1코).

3 다음 코의 머리에 바늘을 넣고 실을 걸어 화살표 방향으로 빼낸다(짧은뜨기 미완성코 2코).

4 다시 한번 바늘에 실을 걸어 세 가닥 사이로 한번에 빼낸다.

5 짧은뜨기 2코 모아뜨기(2코가 1코로 줄어듦)

6 2~4를 5번 반복하여 뜬다(6코).

● 빼뜨기

7 코에 바늘을 넣고 실을 걸어 화살표 방향으로 한번에 빼내어 마무리한다.
TIP 여러 기법 중 짧은뜨기만 코의 머리에 빼뜨기한다.

8 마무리하기 위해 실 끝을 10cm 남기고 자른다.

9 다 떴다면 시작과 끝을 표시해놓은 실을 당겨 빼낸다.

10 완성!

솜 넣기

1 솜이 뭉치지 않게 손으로 솜을 풀어준다.

2 뜨개 조직 속에 솜을 넣는다. 이때 겸자나 핀셋을 이용해 구석구석 꼼꼼히 넣는다.

3 솜을 넣을 때는 인형의 모양을 상상하면서 넣는다.
Point 솜을 많이 넣으면 뜨개조직이 늘어나고, 적게 넣으면 초라해진다. 손으로 눌러도 모양이 유지될 정도로 넣어준다.

구멍 막아 마무리하기

1 돗바늘에 실을 꿴다.

2 실을 바깥으로 빼낸다.

3 1코마다 짧은뜨기 머리 사슬 1가닥에 바늘을 넣어가며 감침질한다.

4 실을 당겨 조인다.

5 조인 구멍 가운데 바늘을 넣는다.

매듭짓고 실 정리하기

1 원형코 시작 가운데로 바늘을 넣어 시작코에 바늘을 빼낸다.

2 바늘에 실을 세 번 감아준다.

3 실을 감은 곳을 손가락으로 누른 뒤 바늘을 빼낸다.

4 실을 당겨 매듭을 짓는다.

5 **1**의 같은 곳에 바늘을 넣고 반대편으로 빼낸다.

6 실을 강하게 당겨 매듭을 뜨개조직에 숨긴다.

7 뜨개조직 바짝 실을 자른 뒤 손으로 매만져 실 끝을 숨긴다.

조립하여 완성하기

1 잎사귀 실을 돗바늘에 꿰어 사과의 1단과 시작코에 바늘을 넣고 당겨준다.

2 실 끝을 두 번 묶는다.

3 실 끝을 시작코에 넣고 당겨 매듭을 감춘 뒤 나머지 1가닥도 바늘을 꿰어 시작코에 넣는다.

4 뜨개조직 바짝 실 끝을 자른 뒤 손끝으로 매만져 실 끝을 숨겨 사과를 완성한다.

쪼꼬미 복숭아

실 색깔
- 🌸 살구
- 🟢 연두

완성 크기
standard 2×2cm
micro 0.8×0.8cm

How to make 모양 만들기

1 20쪽 도안을 참고하여 복숭아를 뜬 뒤 구멍을 막고 원형코 쪽으로 바늘을 넣는다.

2 실을 당겨 복숭아의 모양을 잡아준다.

3 **2**의 과정을 한 번 더 반복한다. 실을 당겨 복숭아 모양을 만든다.

4 6단에 한 땀 떠 매듭을 짓는다.

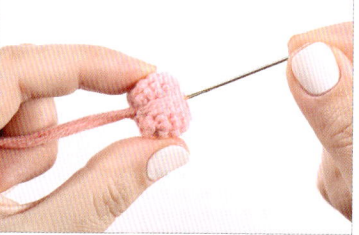

5 바늘을 넣어 실을 힘껏 당겨 매듭을 감추어 준 뒤 실을 자르고 실 끝을 매만져 감춘다.

6 잎사귀를 달면 복숭아 완성!

쪼꼬미 서양배

실 색깔
- 진노랑
- 진초록

완성 크기
standard 3×2cm
micro 1.2×0.8cm

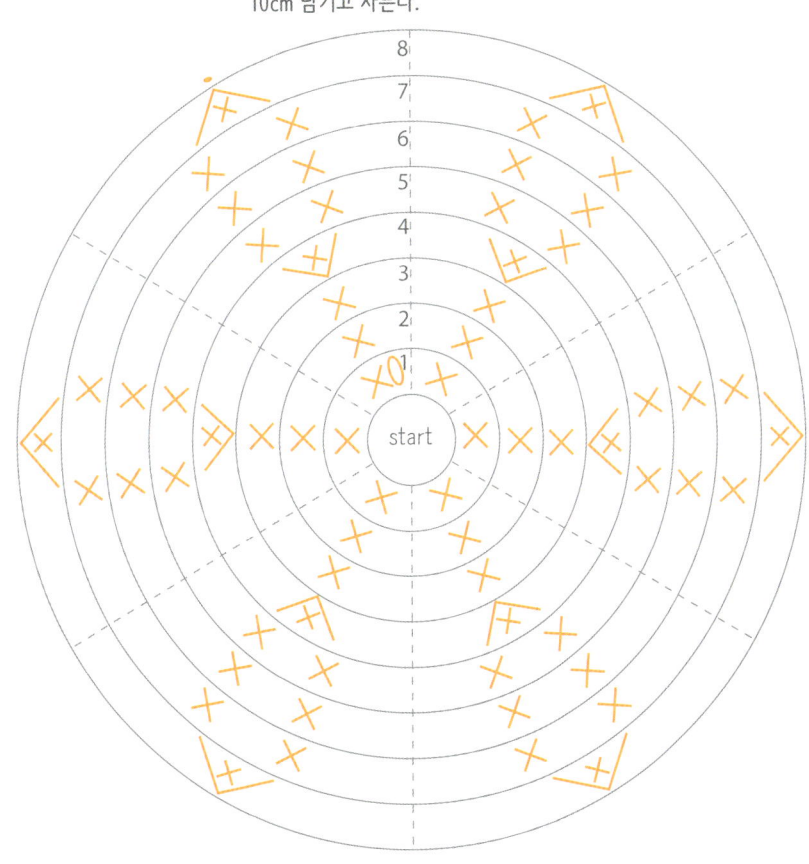

How to make 잎사귀 달기

1 서양배를 뜬 뒤 솜을 넣고 돗바늘로 구멍을 감침질한다.

2 잎을 달면 서양배 완성!

쪼꼬미 아보카도

실 색깔
- 진초록
- 진밤

완성 크기
standard 3×2cm
micro 1.2×0.8cm

How to make 모양 만들기

실 바꾸기

1 31쪽 도안을 참고하여 진밤색 실로 1단을 뜬다. 이때 여섯 번째 코는 미완성코로 뜬다.

2 진초록색 실을 바늘에 걸어 두 가닥 사이로 빼낸다(6코). 실 색깔이 바뀌었다.

3 원형코를 조여준다. 이어 첫 번째 코를 확인한다.

4 짧은뜨기를 6번 뜬다. 이때 1단의 진밤색과 진초록색 실을 감추어가며 뜬다.

5 진밤색 실을 짧게 자른 뒤 이어 뜬다.

6 모두 뜬 뒤 솜을 넣고 돗바늘로 구멍을 막아 아보카도 완성!

쪼꼬미 귤

실 색깔
- 🟠 주황
- 🟢 진초록

완성 크기
standard 1.5×1.5cm
micro 0.6×0.6cm

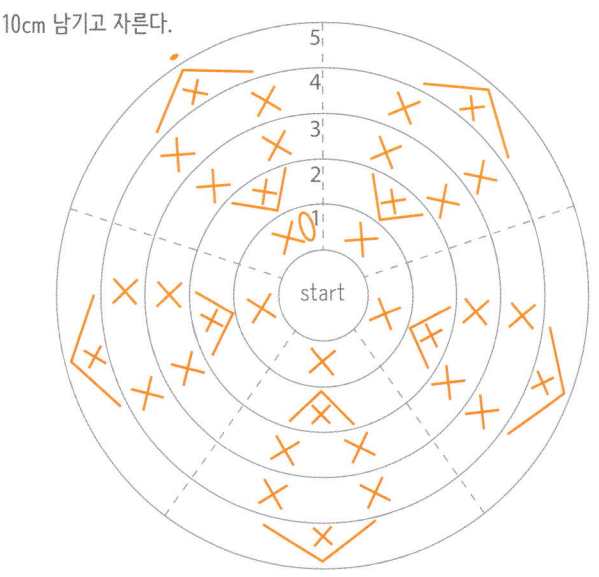

How to make 꼭지 스트레이트 스티치

1 귤을 뜬 뒤 솜을 넣고 감침질하여 완성한 후 수놓을 곳을 표시한다.

2 자수실 가닥을 가른다. (실을 나누어 수를 놓으면 조금 더 섬세하게 놓을 수 있어요.)

3 바늘에 진초록색 실을 꿰고 실 끝에 매듭을 지은 뒤 1단으로 바늘을 넣는다.

4 1단에 스트레이트 스티치로 수를 놓는다.

5 4와 같은 방법으로 × 모양을 수놓는다.

6 귤 완성!

쪼꼬미 레몬

사용 기법

한길긴뜨기

실 색깔

🟡 연노랑
🟢 진초록

완성 크기

standard 1.5×3cm
micro 1×0.8cm

10cm 남기고 자른다.

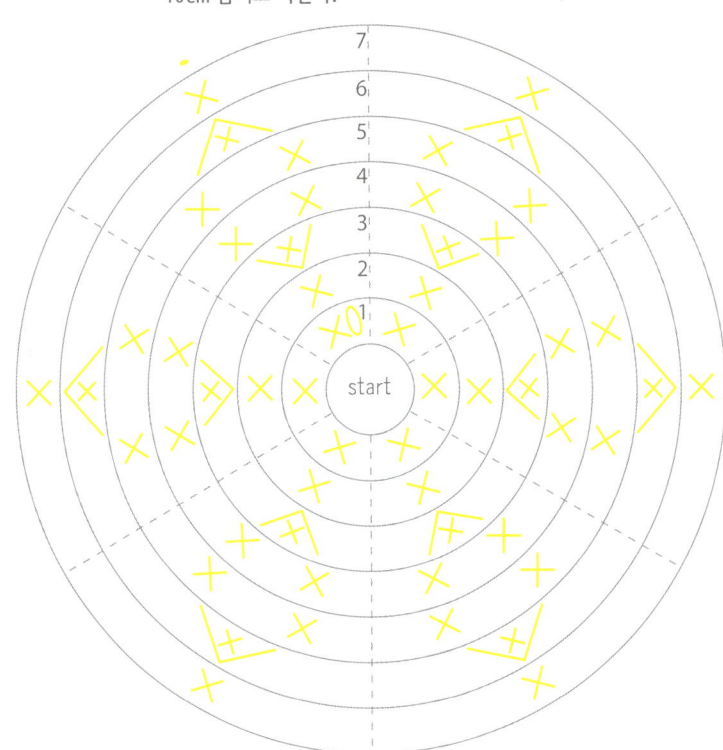

How to make 잎사귀 달기

1 잎사귀 실 끝을 바늘에 꿰어 레몬의 2단에 바늘을 넣고 4단으로 빼낸다.

2 잎사귀 뒤쪽에 돗바늘을 넣어 잎사귀 끝으로 바늘을 빼낸다.

3   실 끝과 끝을 잡고 매듭을 짓고 실 두 가닥 모두 감춘다.

4   실을 바짝 자른 뒤 손끝으로 매만져 실 끝을 숨긴다.

5   레몬 완성!

쪼꼬미 체리

실 색깔
- 🔴 빨강
- 🟤 진밤

완성 크기
standard 1×1cm
micro 0.5×0.5cm

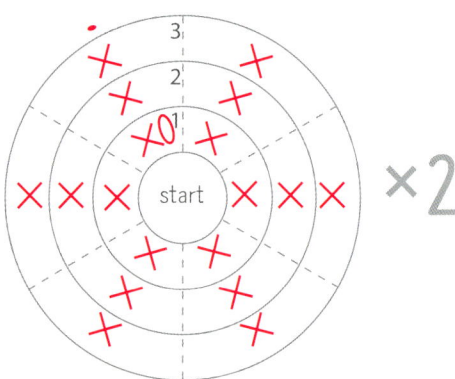

10cm 남기고 자른다.

×2

How to make 잎사귀 달기

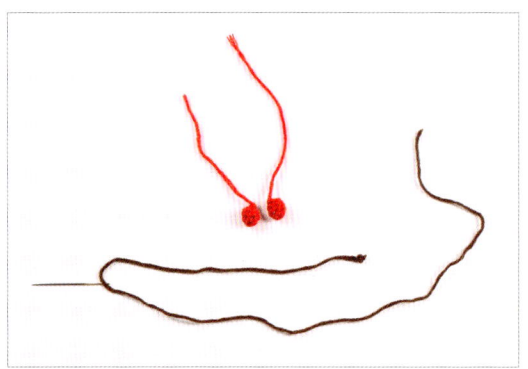

1 체리알 두 개를 도안과 같이 뜬다. 진밤색 실 끝을 바늘에 꿰어 실 끝에 매듭을 짓는다.

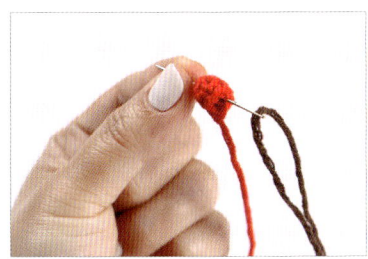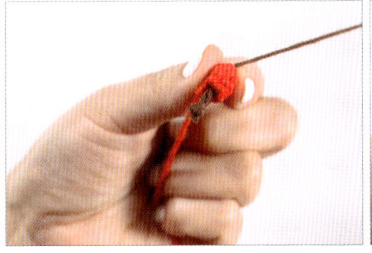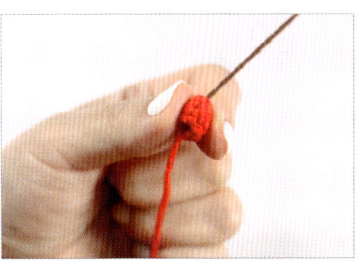

2 체리의 중심으로 바늘을 빼낸다. 실을 당겨 매듭을 뜨개조직에 감춘다.

3 나머지 체리에 바늘을 넣는다.

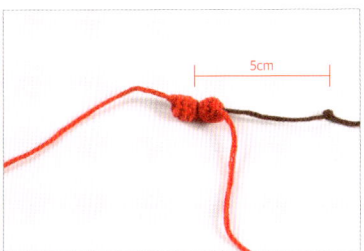

4 진밤색 실에 굵은 매듭을 지은 뒤 가위로 자른다. (매듭과 매듭 사이는 5cm)

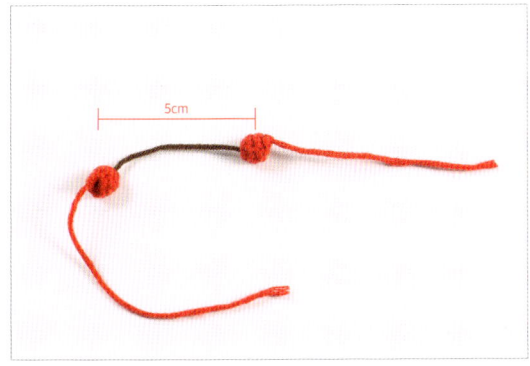

5 체리의 구멍을 돗바늘로 막는다.

6 체리 완성!

쪼꼬미 딸기

실 색깔
- 🔴 연핑크
- 🟢 진초록
- 🟤 진밤

완성 크기
standard 2.5×2.5cm
micro 0.8×1.2cm

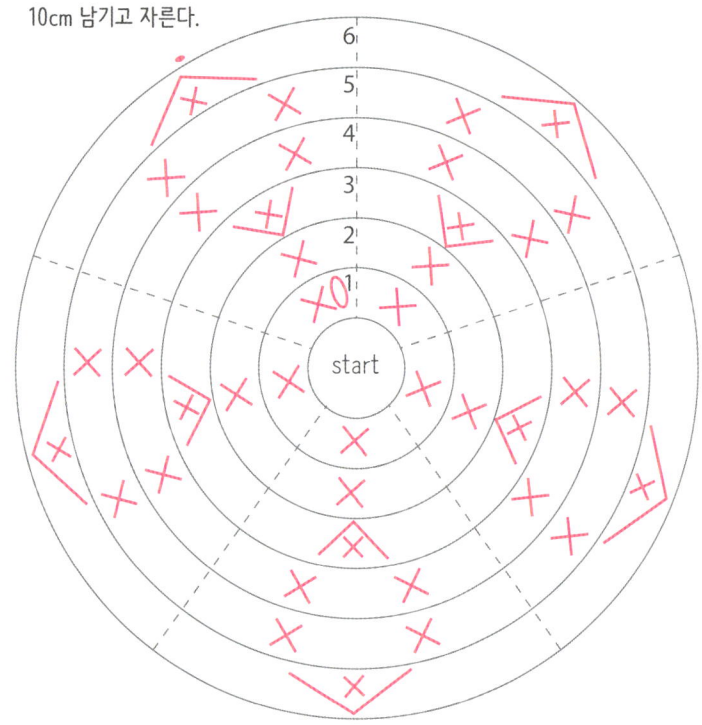

10cm 남기고 자른다.

How to make 잎사귀 레이지데이지 스티치

1 딸기를 뜬 뒤 솜을 넣고 감침질하여 완성한 뒤 진초록색 실을 바늘에 꿰어 6단에 넣고 매듭을 감춘다.

2 레이지데이지 스티치를 수놓기 위해 바늘을 6단의 중심에 넣고 5단에서 빼낸다.

3 바늘에 실을 걸어준다.

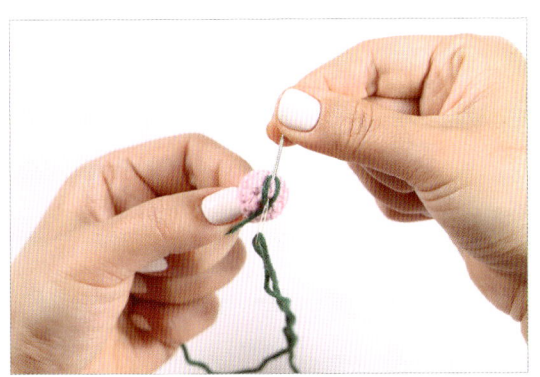

4 바늘을 빼낸다.

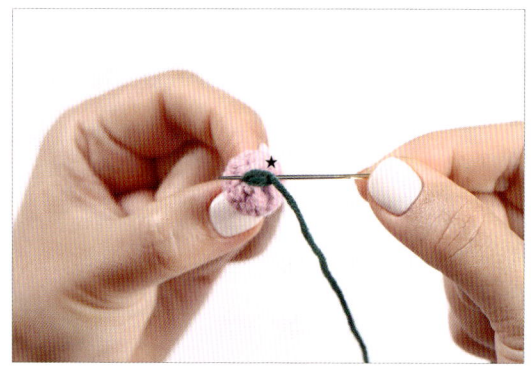 

5 바늘을 ★에 넣은 뒤 6단의 중심으로 넣는다.

6 2~5를 반복하여 잎사귀를 수놓은 다음 매듭을 지은 뒤 실을 감추고 자른다.

7 진밤색 실 끝을 바늘에 꿰어 홈질로 한 땀씩 씨앗을 적당히 수놓으면 딸기 완성!

쪼꼬미 바나나

실 색깔
- 진노랑
- 진밤

완성 크기
standard 0.8×3cm
micro 0.3×1.2cm

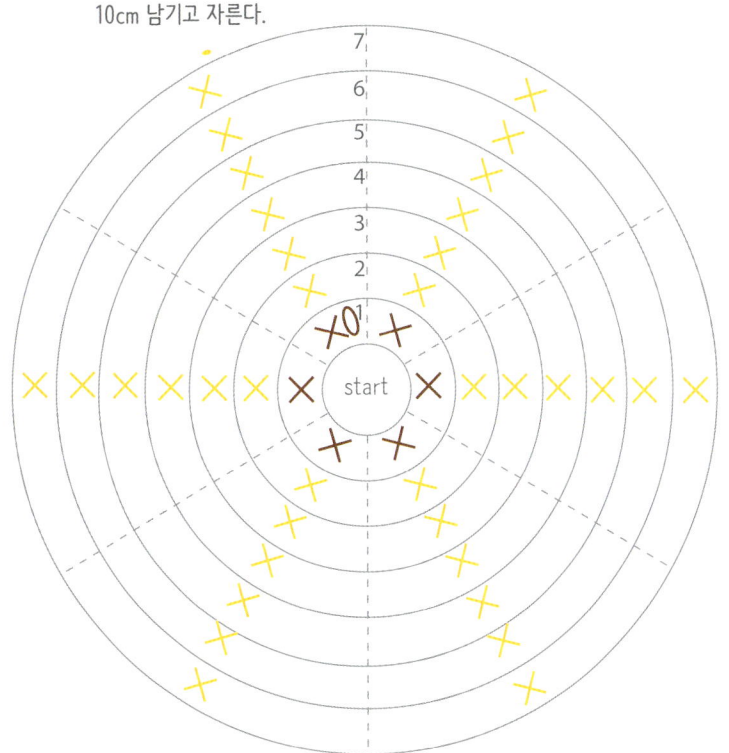

귀요미 과일

손뜨개 인형이 처음이라면 standard(2mm)로 귀여운 인형에 도전!
굵은 churros(15mm)로 뜨면 쿠션
얇은 micro(1mm)로 뜨면 마그넷으로 활용해보세요.

standard

준비물

실, 코바늘, 가위,
돗바늘, 솜, 겸자

churroos (A)	울사 15mm
	점보 코바늘 (15mm)
standard (B)	면사 2mm
	모사용 코바늘 4.5호(2.75mm)
micro (C)	면사 20수(1mm)
	레이스 코바늘 4호(1.25mm)

부자재

원형눈 5mm, 타원눈 6mm,
뽁뽁이, 딸랑이, 자석

사용 기법

짧은뜨기, 긴뜨기
한길긴뜨기, 빼뜨기
사슬뜨기

귀요미 체리

실 색깔
- 🔴 빨강
- 🟢 진초록
- 🟤 진밤

완성 크기
A 20×20cm
B 3.5×3.5cm(원형눈)
C 1.5×1.5cm

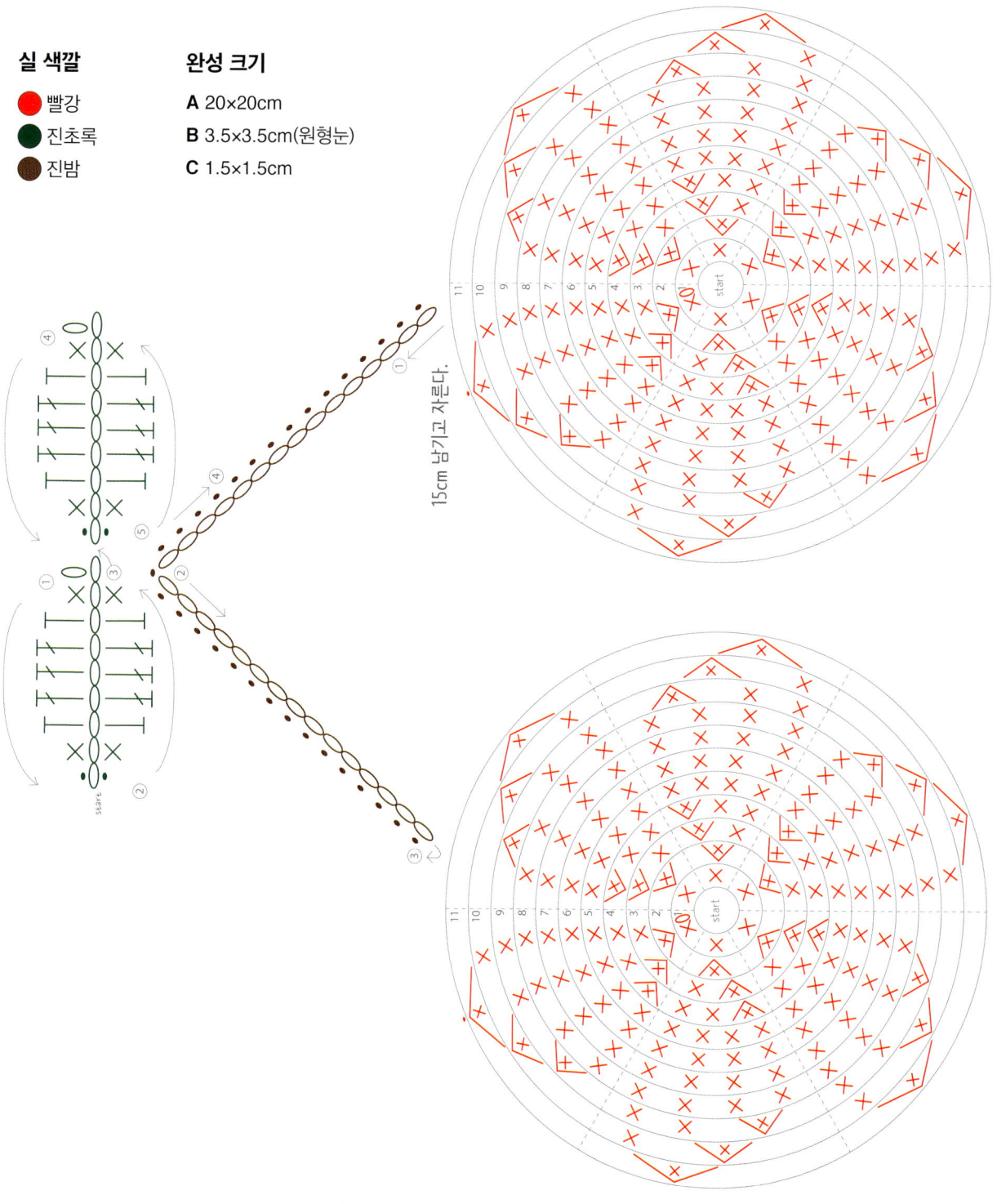

How to make 체리잎

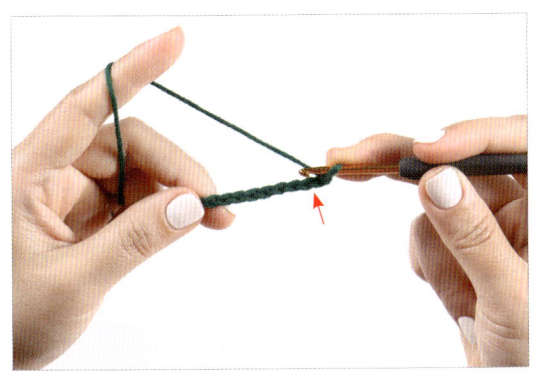 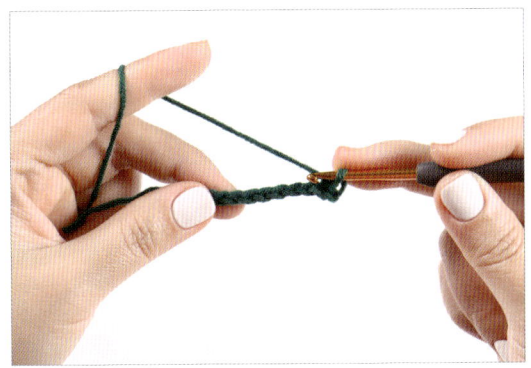

1 초록색 실로 사슬뜨기를 10번 뜬 후 세 번째 사슬을 확인한다.

2 짧은뜨기를 1번 뜬다.

⊤ 긴뜨기

1 바늘에 실을 걸어 코에 바늘을 넣는다.

2 다시 바늘에 실을 걸어 화살표 방향으로 실을 가져온다(세 가닥 확인, 긴뜨기 미완성코).

3 바늘에 실을 걸어 세 가닥 사이로 빼낸다.

4 긴뜨기 완성!

┬ 한길긴뜨기

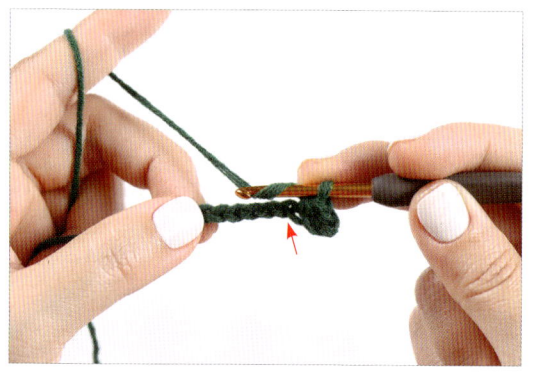

1 바늘에 실을 걸어 코에 바늘을 넣는다.

2 다시 바늘에 실을 걸어 화살표 방향으로 실을 가져온다(세 가닥 확인).

3 바늘에 실을 걸어 두 가닥 사이로 실을 빼낸다.

4 한 번 더 바늘에 실을 걸어 두 가닥 사이로 빼낸다(한길긴뜨기 미완성코).

5 한길긴뜨기 완성!

6 도안과 같이 사슬코를 돌아가며 잎사귀 1개를 뜬다.

7 다음 잎사귀를 뜨기 위해 사슬뜨기를 10번 한다.

8 잎사귀의 윗부분을 뜬 다음

9 이어 잎사귀의 아랫부분도 뜬다.

10 마무리하기 위해 실 끝을 10cm 남기고 자른다.

체리, 줄기, 잎 조립하기

1 체리를 뜬 뒤 마무리하기 위해 실 끝을 10cm 남기고 자른 다음 솜을 적당히 넣어준다.

2 체리의 중심과 1단에 바늘을 넣고 진밤색 실을 걸어 빼낸다.

3 줄기를 뜨기 위해 사슬뜨기를 15번 한다.

4 잎사귀 중심에 바늘을 넣은 뒤 바늘에 실을 걸고 빼내어 연결한다.

5 다음 줄기를 뜨기 위해 한번 더 사슬뜨기를 15번 한다.

6 두 번째 체리 중심과 1단에 바늘을 넣고 실을 걸어 빼뜨기한다.

7 1코마다 1번씩 빼뜨기해 줄기를 견고히 만든다.

8 진밤색 실 끝을 자르고 시작 실과 마무리 실을 두 번 묶은 뒤 두 가닥 모두 감춘 다음 바짝 잘라 완성한다.

9 빨간색 실을 돗바늘에 꿰어 11단의 구멍을 메운 다음 초록색 실을 돗바늘에 꿰어 잎사귀 뒷면에 감춘다.

눈 달기 & 볼터치 하기

1 체리의 앞면을 바로 하고 5단에 시침핀으로 눈의 위치를 잡는다.

2 바늘에 재봉실을 꿰어 눈을 꿰맨다.

3 4코 띄우고 5번째 코에 나머지 눈도 달아준다.

4 핑크색 실로 6단 눈알 아래 홈질로 볼터치 한다.

5 체리 완성!

귀요미 사과

실 색깔
- 연두
- 진초록
- 진밤

완성 크기
- **A** 25×20cm
- **B** 5.5×4cm(타원눈)
- **C** 2×1.8cm

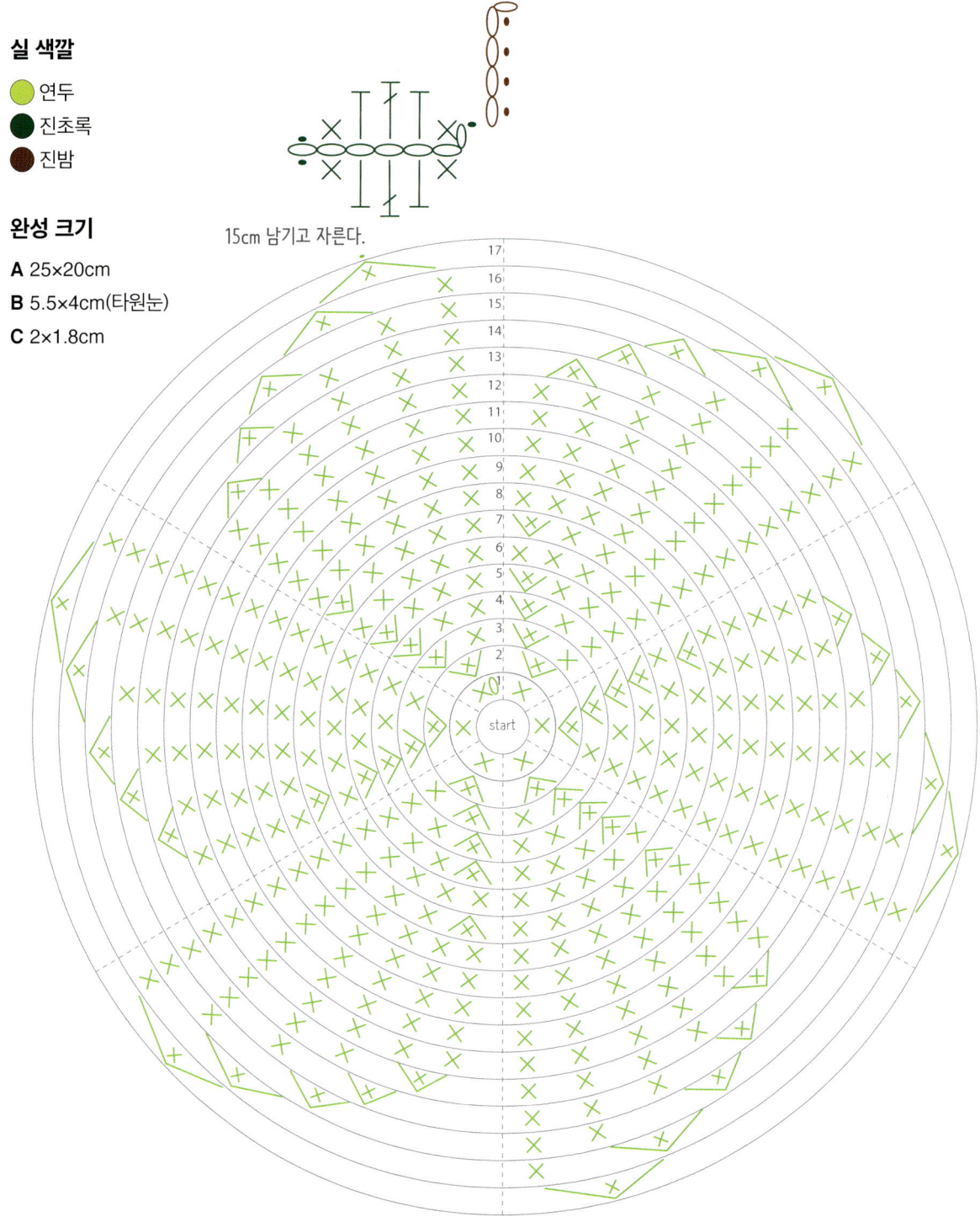

15cm 남기고 자른다.

How to make

1 사과를 뜬 뒤 17단의 구멍을 메운 다음 중심에서 원형코 시작 방향으로 바늘을 넣는다.

2 시작코로 나와서 1단으로 바늘을 넣는다.

3 실을 당겨 사과의 모양을 조금 납작한 형태로 잡아준 뒤 매듭을 지어 마무리한다.

4 꼭지를 뜨기 위해 중심과 1단에 바늘을 넣고 진밤색 실을 걸어 빼낸다(50쪽 참고).

5 사슬뜨기 5번을 뜬 뒤 빼뜨기해 꼭지를 뜬다. 실을 두 번 묶은 뒤 사과의 몸통에 실 끝을 감춘다.

6 잎사귀 실을 돗바늘에 꿰어 달아준 뒤 두 번 묶은 다음 실 끝을 사과의 몸통에 감춘다.

7 잎사귀 실 끝도 감추어 완성한다.

8 9단에 시침핀으로 눈의 위치를 잡는다.

9 눈 하나를 접착제로 달고 5코 띄우고 6번째 코에 하나 더 달아준다.

10 핑크색 실로 11단에 볼터치 하면 사과 완성!

귀요미 복숭아

실 색깔
- 🔴 살구
- 🟢 연두

완성 크기
A 25×25cm
B 5.5×5.5cm(타원눈)
C 2×2cm

How to make 모양 만들기

1 54쪽 도안을 참고하여 복숭아를 뜬 뒤 17단 구멍을 메운 다음 중심에서 원형코 시작 방향으로 바늘을 넣는다.

2 시작코와 1단을 한 땀 떠 고정시킨다.

3 실을 힘주어 당겨 복숭아의 모양을 잡는다.

4 한 땀 떠 단단히 매듭을 지어 실 끝을 감춘다.

5 잎사귀 실을 돗바늘에 꿰어 13~14단에 연결한다.

6 8단에 눈 하나를 달고 5코 띄우고 6번째 코에 하나 더 달아주면 복숭아 완성!

귀요미 서양배

실 색깔
- 진노랑
- 진초록
- 진밤

완성 크기
- **A** 25×35cm
- **B** 5×7cm(타원눈)
- **C** 2×2.5cm

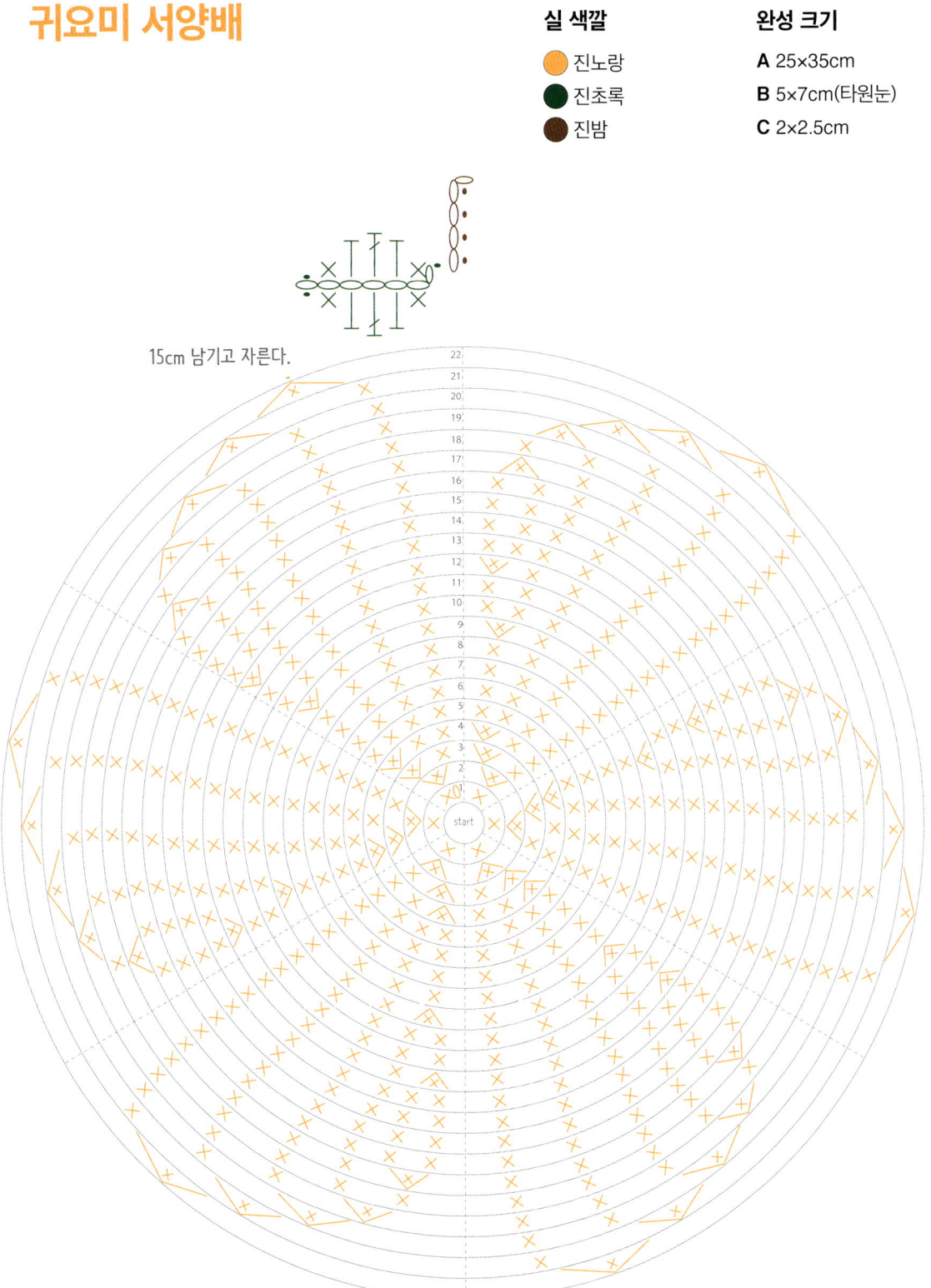

15cm 남기고 자른다.

How to make

1 서양배를 뜬 뒤 꼭지를 뜬다.

2 시작코와 1단에 잎을 달아준다.

3 12단에 눈 하나를 달고 5코 띄우고 6번째 코에 하나 더 달아준다.

4 핑크색 실로 14단에 볼터치하면 서양배 완성!

귀요미 아보카도

실 색깔
● 진초록
● 진밤

완성 크기
A 25×25cm
B 5×7cm(타원눈)
C 2×2.5cm

How to make

1 59쪽 도안을 참고하여 아보카도를 뜬 뒤 12단에 눈 하나를 달고 5코 띄우고 6번째 코에 하나 더 달아준다.

2 핑크색 실로 13단에 볼터치하면 아보카도 완성!

귀요미 귤

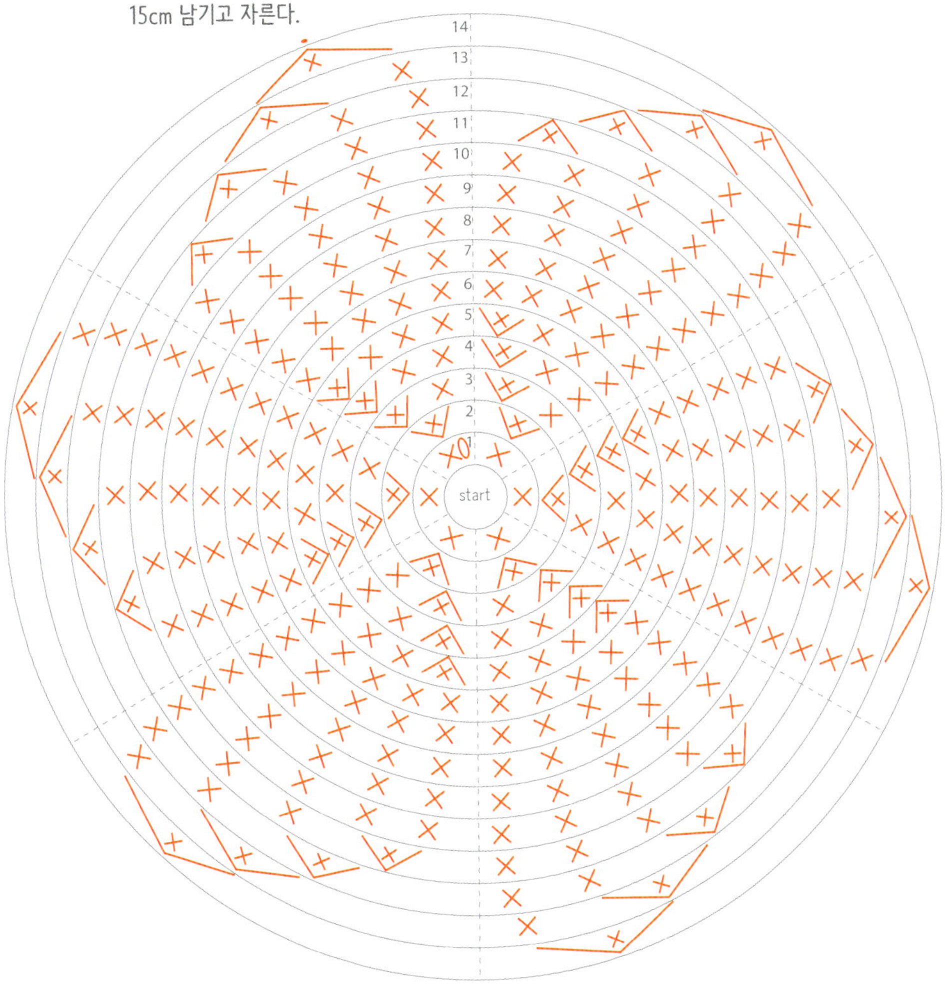

실 색깔
- 🟠 주황
- 🟢 진초록

완성 크기
A 20×20cm
B 4×3.5cm
(원형눈)
C 1.5×1.2cm

15cm 남기고 자른다.

How to make

1 귤을 뜬 뒤 바늘에 초록색 실을 꿰어 1단에 스트레이트 스티치로 수놓는다.

2 1과 같은 방법으로 ×모양을 수놓는다.

3 6단에 눈 하나를 달고 5코 띄우고 6번째 코에 하나 더 달아준다.

4 핑크색 실로 7단에 볼터치하면 귤 완성!

귀요미 레몬

실 색깔

- 🟡 연노랑
- 🟢 진초록

완성 크기

A 25×35cm

B 4.5×7cm
 (타원눈)

C 1.8×2.8cm

15cm 남기고 자른다.

How to make

1 레몬을 뜬 뒤 잎사귀 실 끝을 바늘에 꿰어 레몬의 9단에 바늘을 넣고 11단을 연결한다.

2 잎사귀를 달아준다.

3 7단에 눈 하나를 달고 13단에 하나 더 달아준다.

4 핑크색 실로 눈 아래에 볼터치하면 레몬 완성!

귀요미 딸기

사용 기법
레이지데이지 스티치
(40쪽 참고)

실 색깔
🔴 연분홍
🟤 진밤
🟢 진초록

완성 크기
A 25×35cm
B 4.5×7cm
C 1.8×2.8cm

15cm 남기고 자른다.

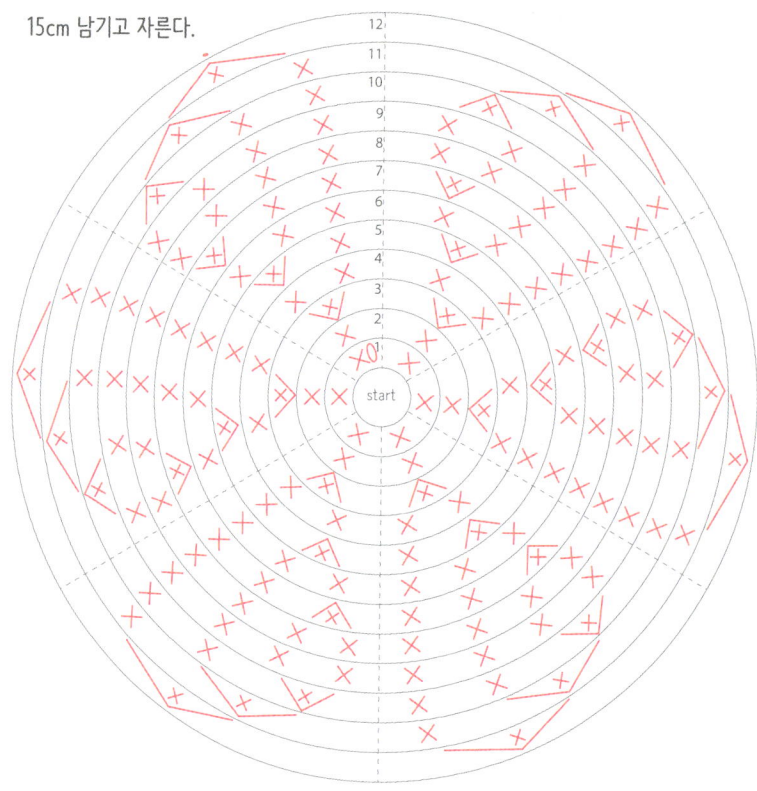

How to make

1 딸기를 뜬 뒤 초록색 실을 바늘에 꿰어 중심에 넣고 11단에서 빼낸다.

2 레이지데이지 스티치로 잎사귀를 수놓는다.

3 진밤색 실로 씨앗을 적당히 수놓는다. 딸기 완성!

귀요미 바나나

실 색깔
- 진노랑
- 진밤

완성 크기
A 15×35cm
B 2.5×7.5cm
C 0.8×3.5cm

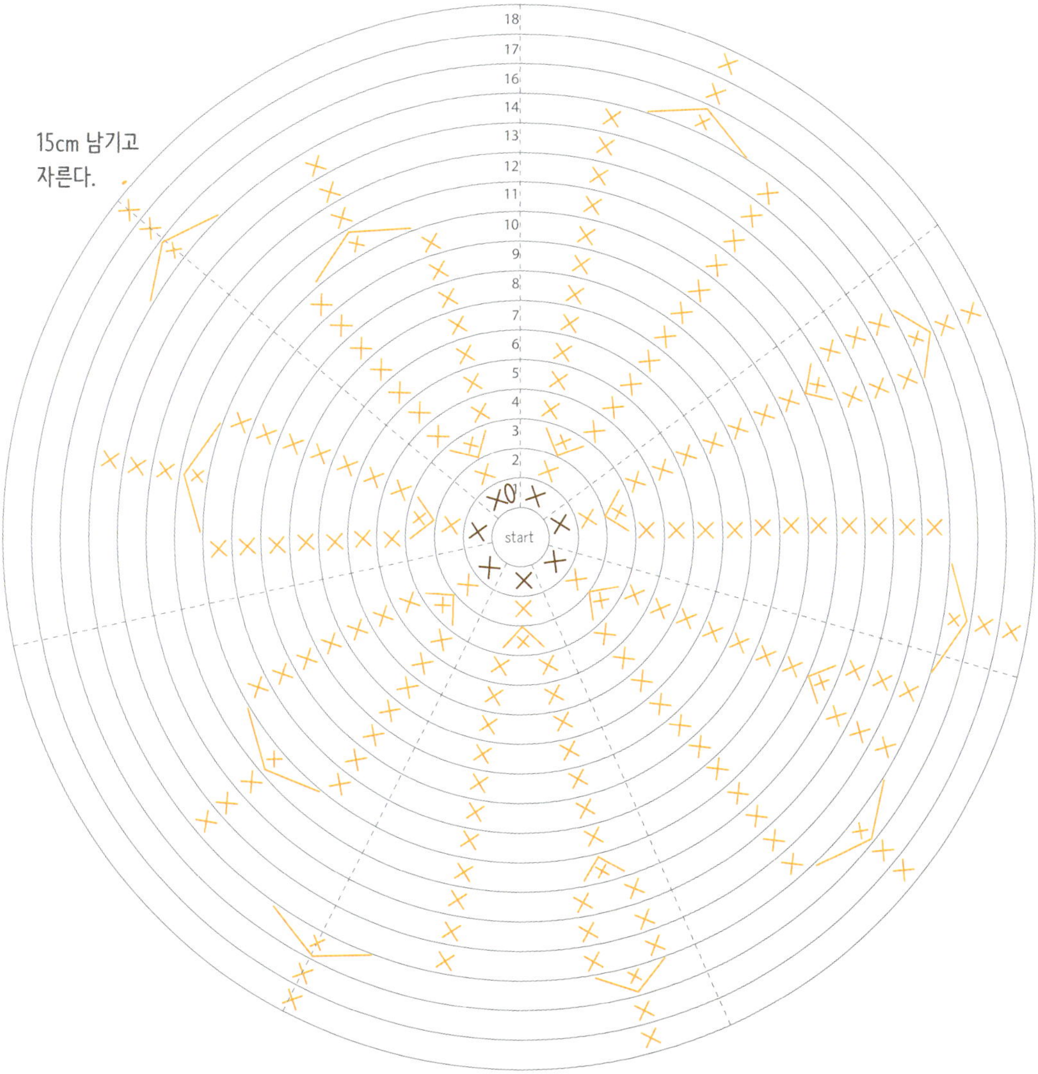

15cm 남기고 자른다.

소년과 소녀　　알로하 개미와
　　　　　　　얼룩 고양이

Part 2

난이도 ★★

인형 놀이

소년과 소녀

생년월일 2011년 1월 2일
standard 키 14cm 몸무게 20g

준비물
실, 코바늘, 가위,
돗바늘, 솜, 겸자

사용 기법
짧은뜨기
빼뜨기
사슬뜨기

실 색깔
● 연살구   ○ 흰색
● 갈색   ● 파랑
● 노랑   ● 코랄

실·바늘·완성 크기

standard	면사 2mm
	모사용 코바늘 4.5호(2.75mm)
	5×14cm
micro	면사 20수(1mm)
	레이스 코바늘 4호(1.25mm)
	2×6cm

머리(공통)

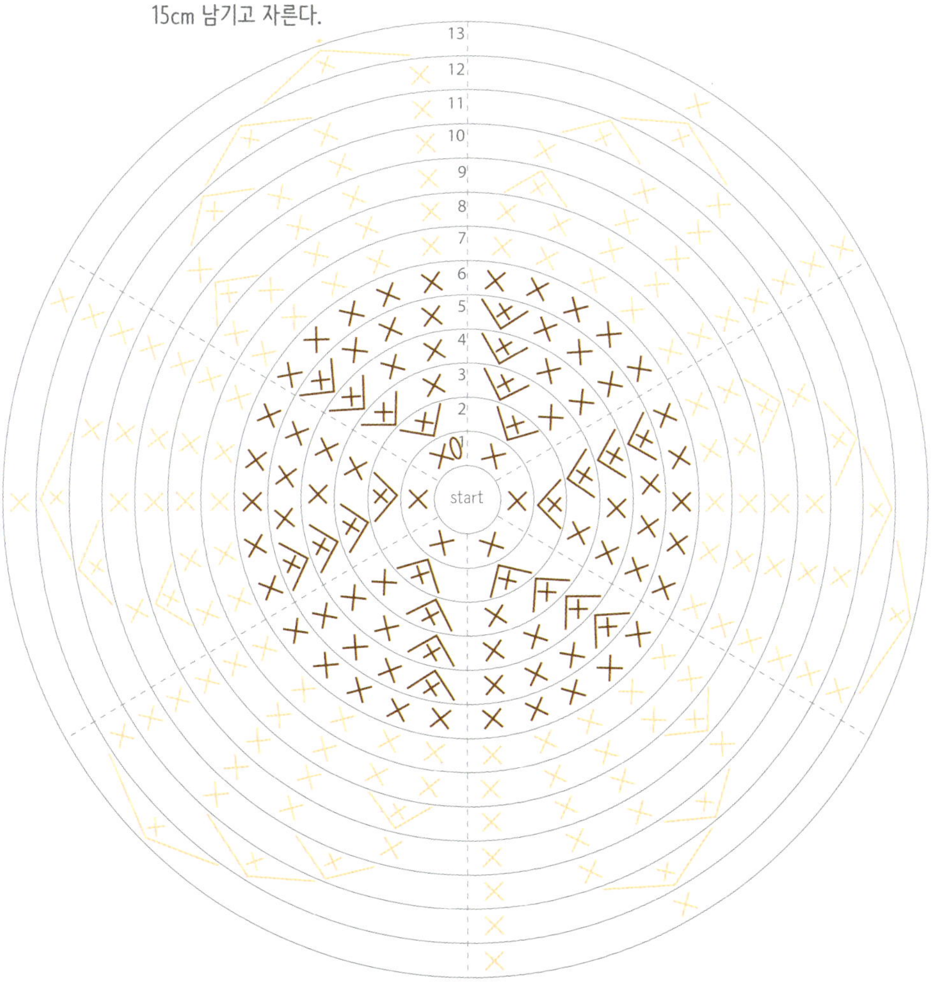

15cm 남기고 자른다.

몸통(공통)

소녀

○ 흰색 1-6단
● 연살구 7-15단

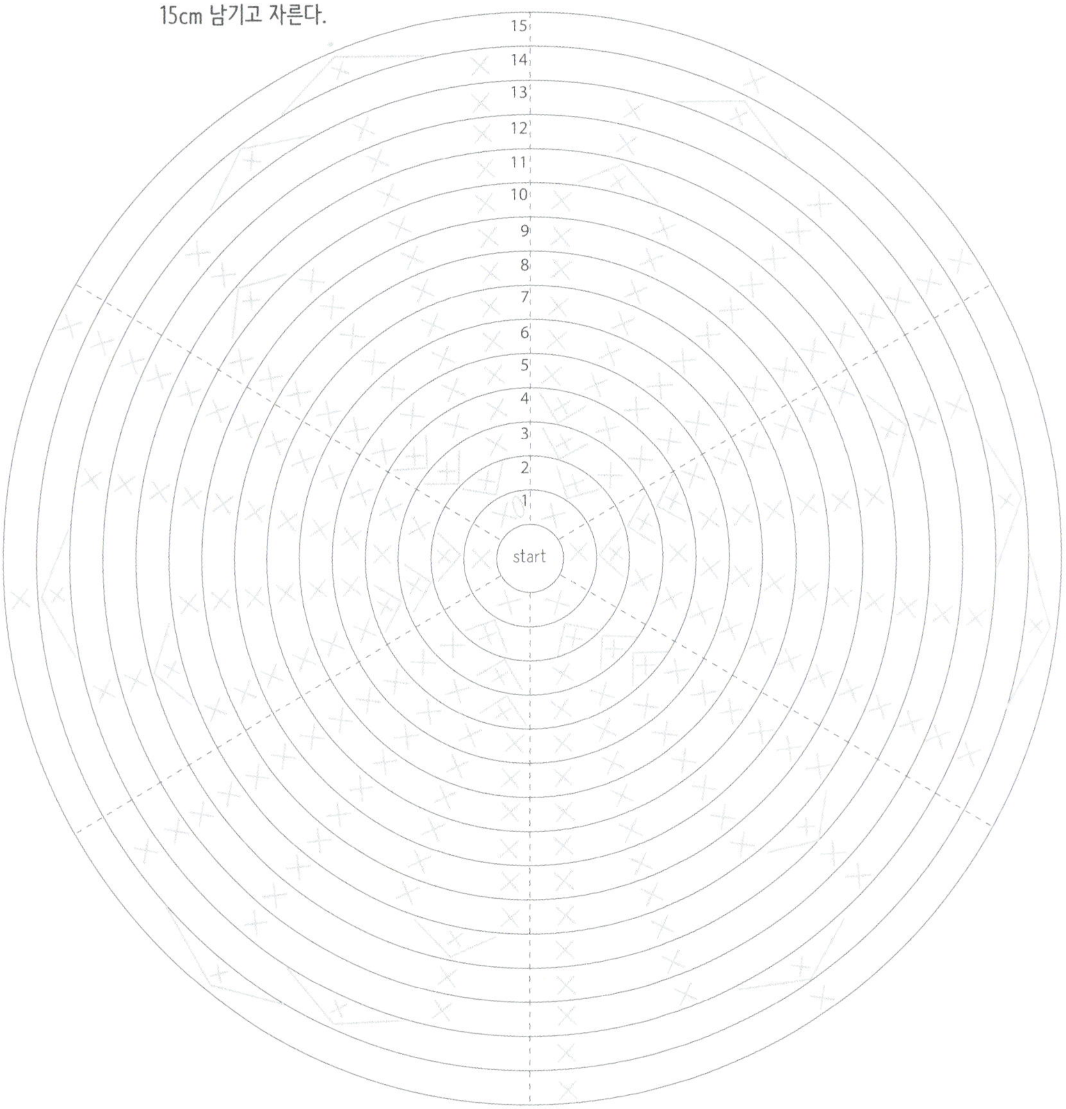

15cm 남기고 자른다.

팔(공통)

15cm 남기고
자른다.

소녀

연살구 1-12단

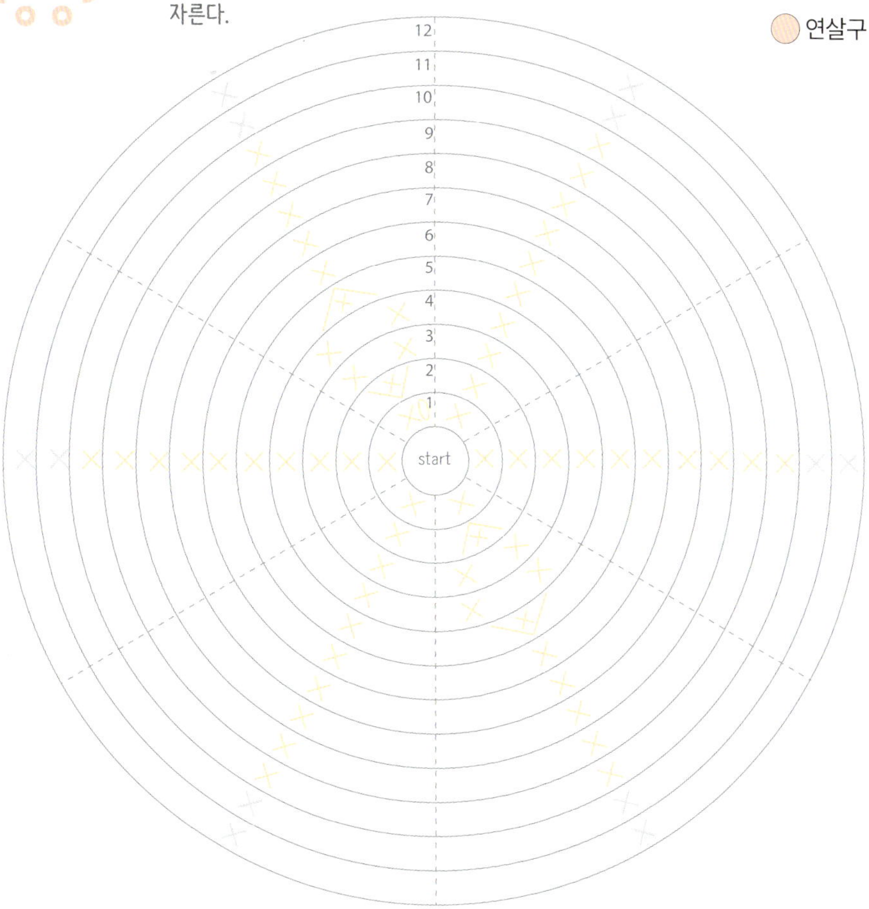

소년

×2

방울

15cm 남기고
자른다.

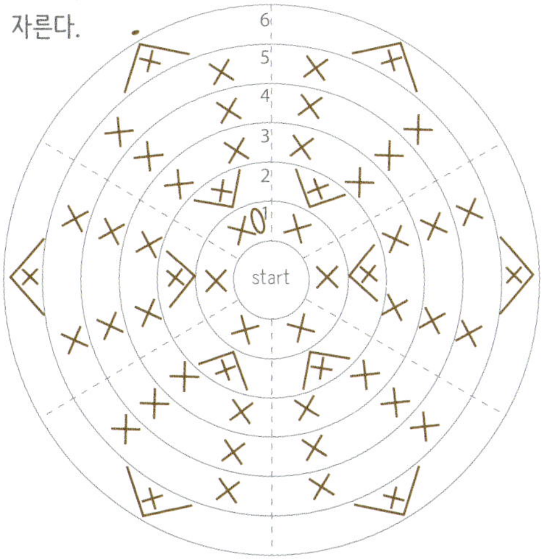

×2

다리(공통)

15cm 남기고 자른다.

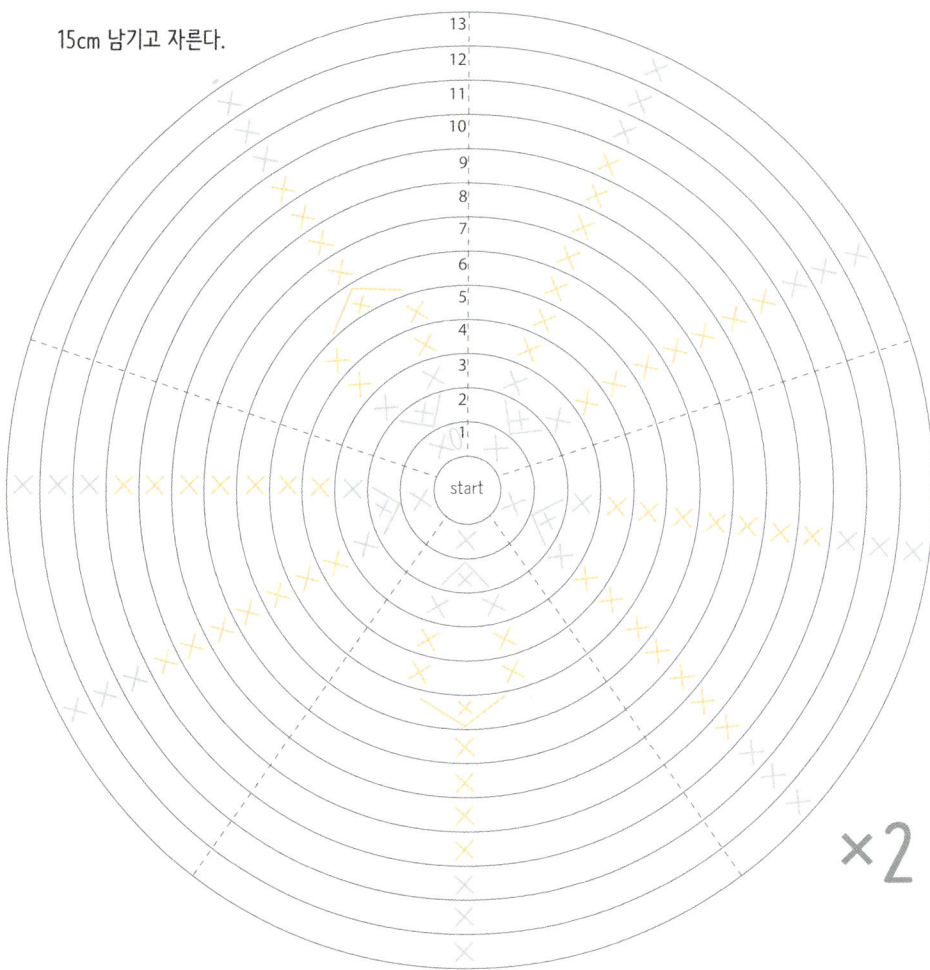

×2

How to make 기본 조립 감침질로 연결하기

TIP 기본 조립에서 강조하고 싶은 것은 균형!
균형은 보고 또 보고 또 보아도 부족하지 않아요.
목이 돌아가거나 팔이 돌아가거나 하지 않도록 연결한 뒤
균형이 맞을 때까지 다시 조립해보세요.

Point 모든 조립은 한 코마다 한 번씩 연결한다고 생각하면 된다.

머리와 몸통

소년

소녀

1 머리, 몸통, 팔의 주먹, 다리의 발에 솜을 적당히 넣는다.

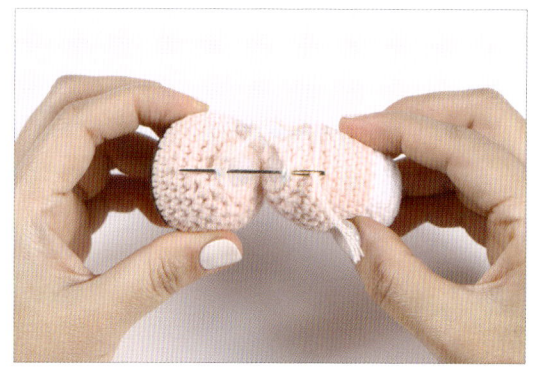

2 머리의 실 끝을 돗바늘에 꿰어 머리와 몸통을 마주하고 몸통에 있는 코의 머리와 머리에 있는 코의 머리에 바늘을 넣는다.

3 첫코가 느슨하지 않게 실을 힘껏 당긴 뒤 이후로도 1코마다 1번씩 당겨가며 연결한다.

4 이어 몸통의 코의 머리와 머리의 코의 머리에 바늘을 넣어 연결한다.

5 끝까지 연결한 뒤 몸통의 실과 머리의 실을 두 번 묶는다.

팔

1 팔의 위치를 좌우에 시침핀으로 고정시킨다. 이때 균형을 잘 맞춰준다.

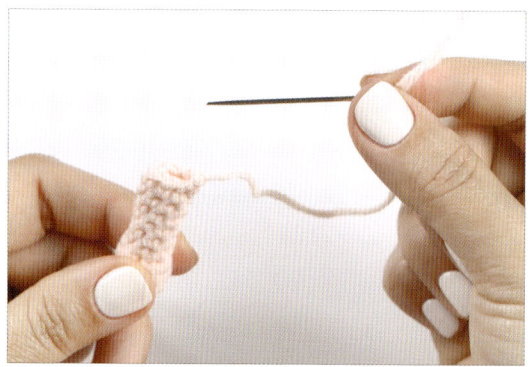

2 팔의 실 끝을 돗바늘에 꿰어준다.

3 팔을 납작하게 잡은 뒤 몸통 15단과 팔의 끝코의 머리를 통과시켜 연결한다.

4 1코마다 1번씩 왼쪽 팔을 연결한다.

5 오른쪽 팔도 연결한다.

다리

1 몸통을 뒤집고 다리를 납작하게 잡은 뒤 몸통의 4단과 다리의 코에 바늘을 넣는다.

2 1코마다 1번씩 다리를 한쪽 달아준다.

3 나머지 다리 한쪽도 달아준다.

Point 균형이 잘 맞을 때까지 조립을 여러 번 시도해주세요.

머리 방울

1 가로로 2땀 바늘을 넣어 머리 방울을 연결한다.

2 머리가 달랑거리지 않게 +모양으로 연결한다.

3 세로로 2땀 바늘을 넣어 연결한다.

4 한 땀 떠 머리 방울을 고정시킨다.

5 왼쪽 방울을 꼼꼼하게 달아준다.

6 반대편 방울도 달아준다.

Point 균형이 잘 맞을 때까지 조립을 여러 번 시도해주세요.

매듭짓고 실 정리하기

1 전체 균형이 맞는지 확인한 뒤 균형이 맞으면 이제 매듭짓고 실밥을 정리한다.

2 다리의 실 끝을 한 땀 떠 매듭을 짓는다.

3 실 끝을 멀리 보낸 뒤 실을 당겨 매듭을 감춘다.

4 팔도 다리와 같은 방법으로 정리한다.

5 머리와 몸통의 실 끝을 두 번 묶은 뒤 실 끝을 멀리 보낸다.

6 머리 방울도 다리와 같은 방법으로 실을 정리한다.

수놓기

소녀 얼굴

1. 눈은 갈색 실로 9단에 1땀 수놓은 뒤 4코 띄우고 5번째 코에 1땀 더 수놓는다.
2. 볼터치는 핑크색 실로 10단에 한 땀씩 수놓아 완성한다.

소년 얼굴

1. 눈은 갈색 실로 8단에 3땀 수놓은 뒤 6코를 띄우고 3땀 수놓는다.
2. 콧구멍은 8~9단에 수놓는다.
3. 볼터치는 핑크색 실로 9단에 두 땀씩 수놓아 완성한다.

옐로 모자

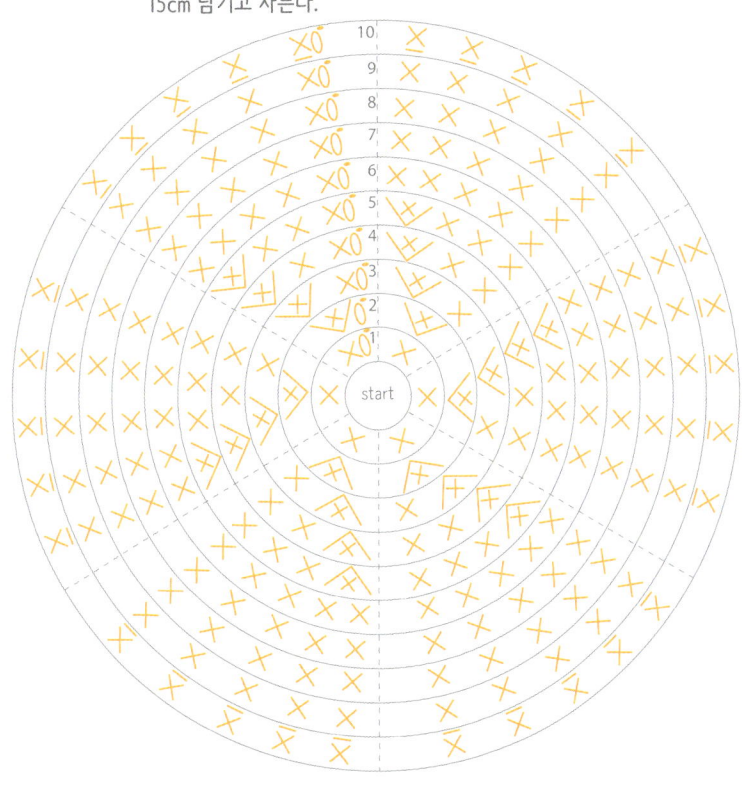

15cm 남기고 자른다.

옷 만들기를 통해 기둥을 세워가며 뜨는 방법을 배워보세요!
How to make 옐로 모자

1단 : 짧은뜨기

1 손가락에 감아 시작하는 원형코로 짧은뜨기 6번 뜬 뒤 첫코의 머리를 확인한 다음 화살표 방향으로 바늘을 넣는다.

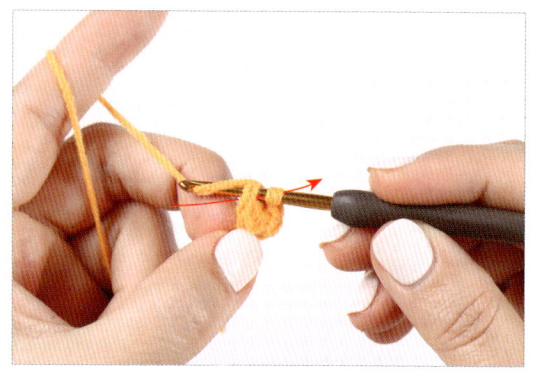

2 바늘에 실을 걸어 화살표 방향으로 한번에 빼뜨기한다.

1단 완성(6코)

▽ 2단 : 짧은뜨기 2코 넣어뜨기

1 짧은뜨기 **기둥코** 사슬뜨기를 1번 뜬다.
TIP 기둥을 세워 뜰 때는 실이나 마커를 걸지 않아도 된다.

2 1단 **2**의 빼뜨기한 코를 확인한 뒤 바늘을 넣어 짧은뜨기한다.

3 같은 코에 짧은뜨기를 1번 더 한다(짧은뜨기 2번, 2코로 늘어남).

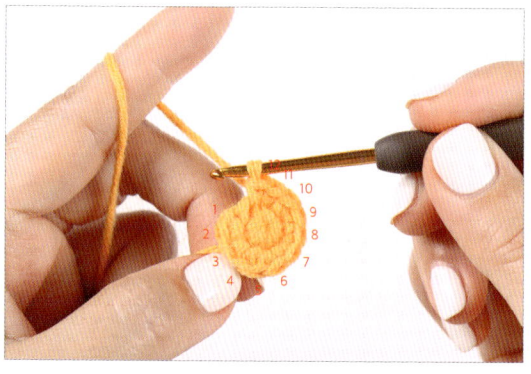

4 2~3을 5번 반복한다.

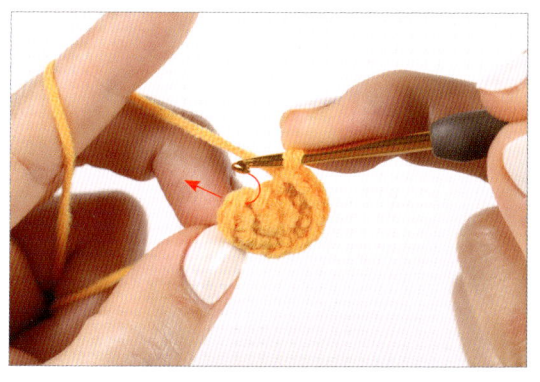 

5   2단 첫코의 머리를 확인한 뒤 화살표 방향으로 바늘을 넣어 **빼뜨기**한다.   2단 완성 (12코)

3단

1   짧은뜨기 **기둥코** 사슬뜨기를 1번 뜬 뒤 2단 **5**의 빼뜨기한 코를 확인하고 짧은뜨기한다.

2   다음 코에 짧은2코넣어뜨기를 한다(12코).

3 짧은뜨기기와 짧은2코넣어뜨기를 5번 반복한 뒤 화살표 방향으로 바늘을 넣어 **빼뜨기**한다.

3단 완성 (18코)

4단

짧은뜨기 **기둥코** 사슬뜨기를 1번 뜬 뒤
[짧은뜨기 2번, 짧은2코넣어뜨기]를 6번 반복한 다음 화살표 방향으로 바늘을 넣어 **빼뜨기**한다.

4단 완성 (24코)

5단

짧은뜨기 **기둥코** 사슬뜨기를 1번 뜬 뒤
[짧은뜨기 3번, 짧은2코넣어뜨기]를 6번 반복한 다음
빼뜨기한다.

5단 완성 (30코)

6~9단

1코마다 1번씩 짧은뜨기로 뜬다(30코).

매 단 기둥코, 빼뜨기 반복한 모습　　　　6~9단 완성

╳ 10단 : 짧은 앞이랑뜨기

1　코의 머리의 앞쪽 한 가닥을 확인한다.

2　앞쪽 한 가닥에 짧은뜨기를 뜬다.

3　앞쪽 한 가닥에 뜬 모습

4 실밥을 정리한다.

5 모자 완성!

블루 바지

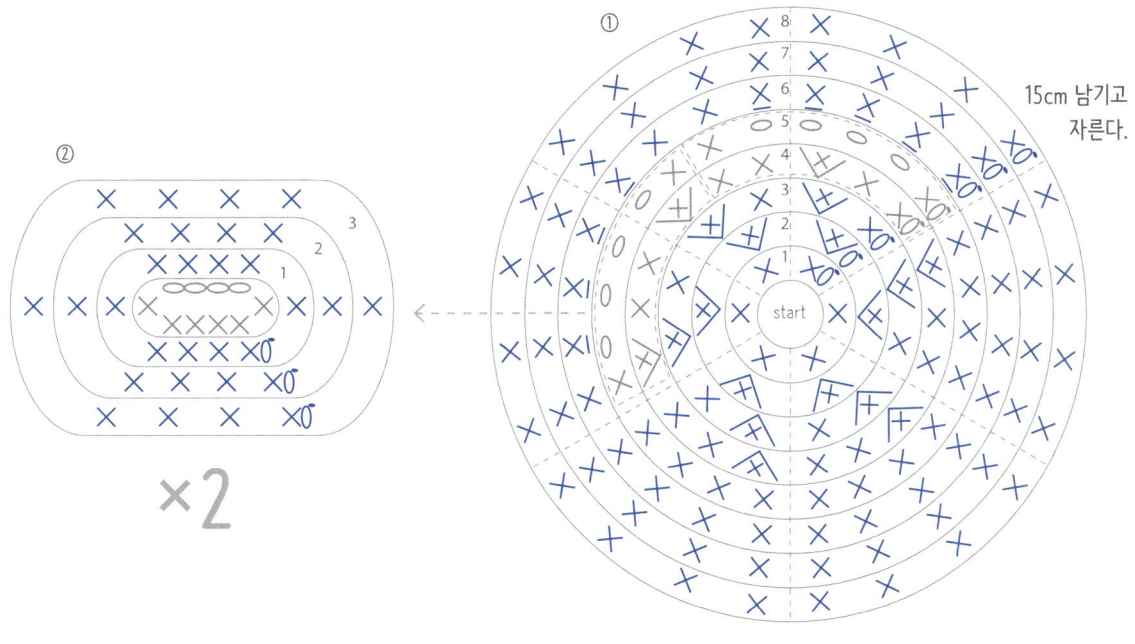

15cm 남기고 자른다.

How to make 블루 바지

1~4단

손가락에 감아 시작하는 원형코를 만들어 1~4단까지 짧은뜨기로 뜬다(24코).

5단 : 바지통 만들기

1 짧은뜨기 1번

2 사슬뜨기 4번

3   4코 띄우고 짧은뜨기 2번

4   사슬뜨기 4번

5   짧은뜨기 13코

6단 : 짧은 뒤이랑뜨기

짧은뜨기로 뜨되 바지통을 뜨기 위해 사슬코에서는
뒤이랑뜨기로 뜬다.

7~8단

짧은뜨기로 2단을 더 뜬다.

바지통

1단

바지통을 뜨기 위해 10코를 주워 짧은뜨기한다(위아래 4코, 좌우 2코).

2~3단

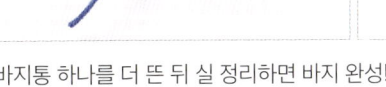

짧은뜨기로 두 단을 더 떠 3단으로 마무리한다.

바지통 하나를 더 뜬 뒤 실 정리하면 바지 완성!

핑크 원피스

15cm 남기고 자른다.

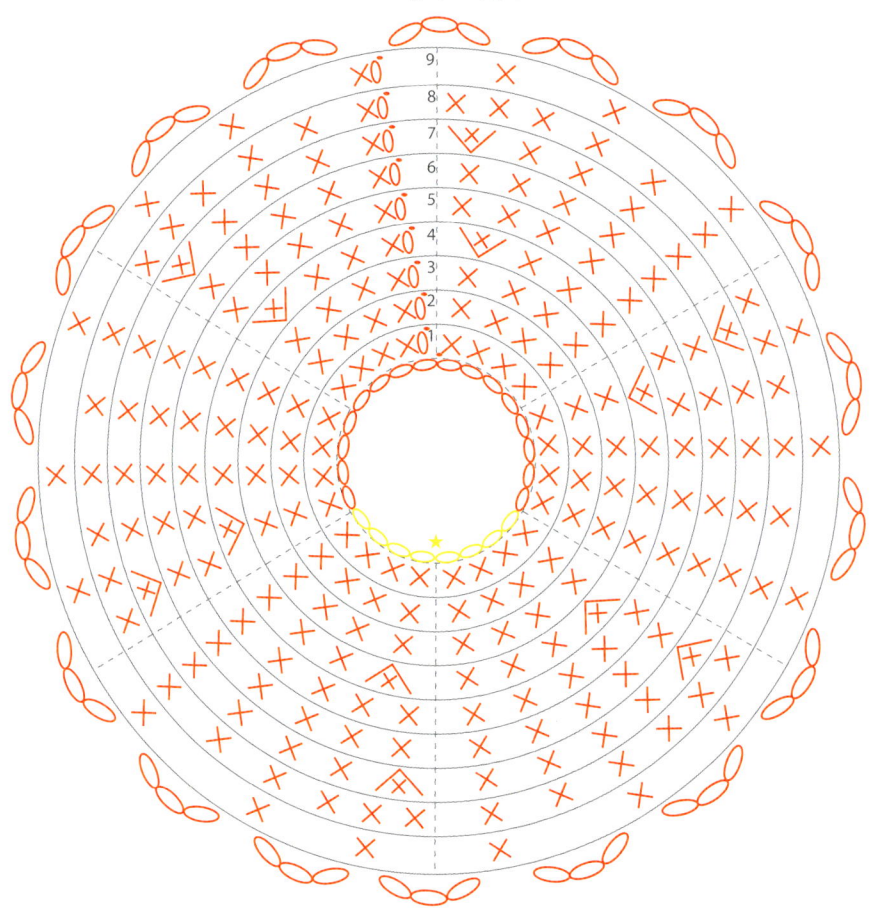

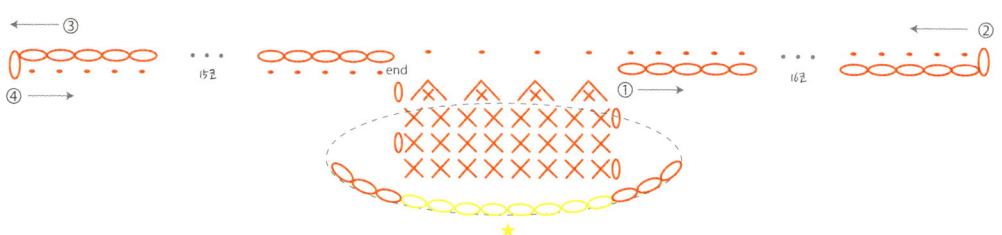

How to make 핑크 원피스

치마 1~9단

핑크색 실로 사슬뜨기 24코를 시작으로 스커트를 9단 뜬다.

앞판 1단

앞판을 뜨기 위해 8코를 주워 뜬다.

2단

편물을 돌려준다. 코가 늘거나 줄지 않게 첫코를 확인한 뒤 뜬다.

8코 뜬 모습

3단

편물을 돌려 한 단을 더 뜬다.

4단

8코를 4코로 줄인다.

원피스 끈

1 원피스의 끈을 만들기 위해 사슬뜨기 16번 뜬 뒤 빼뜨기 15번 한다.

2 이어 앞판 빼뜨기 4코

3 사슬뜨기를 16번 뜬 뒤 빼뜨기를 15번 한다.

4 원피스 완성!

알로하 개미와 얼룩 고양이

생년월일 2011년 3월 29일
standard 키 15cm 몸무게 25g

준비물

실, 코바늘, 가위,
돗바늘, 솜, 겸자

사용 기법

짧은뜨기
빼뜨기
사슬뜨기

실 색깔

● 검정
○ 흰색
● 파랑

실·바늘·완성 크기

standard	면사 2mm
	모사용 코바늘 4.5호(2.75mm)
	5×14cm
micro	면사 20수(1mm)
	레이스 코바늘 4호(1.25mm)
	2×6cm

머리(공통)

15cm 남기고 자른다.

몸통(공통)

개미

● 검정

15cm 남기고 자른다.
start

주둥이(공통)

20cm 남기고
자른다.
start

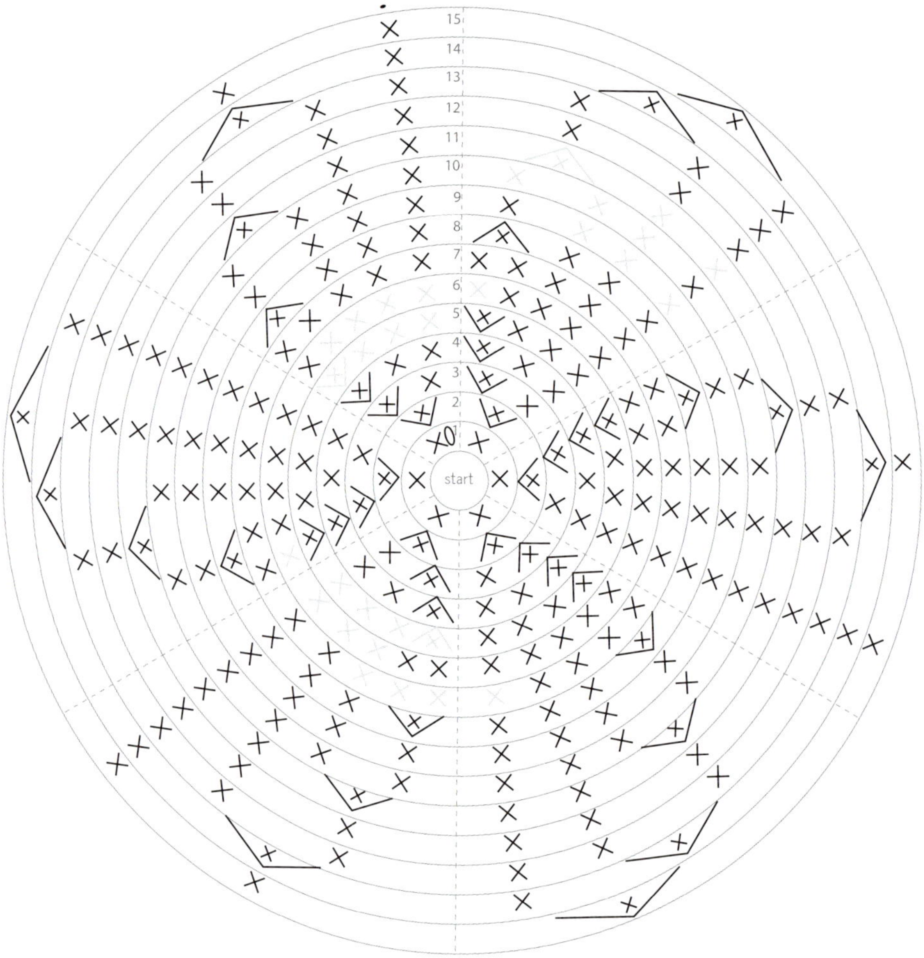

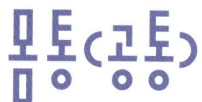

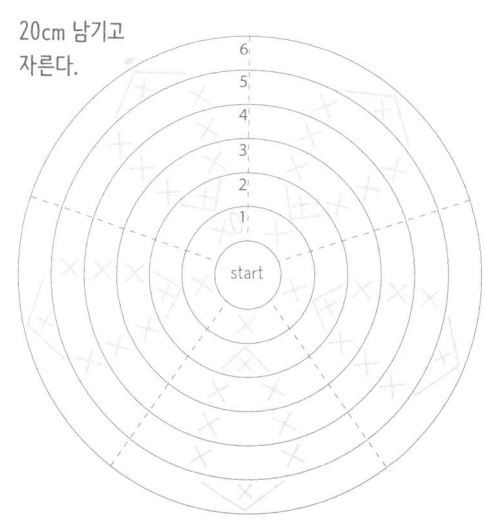

다리(공통)

개미

● 검정

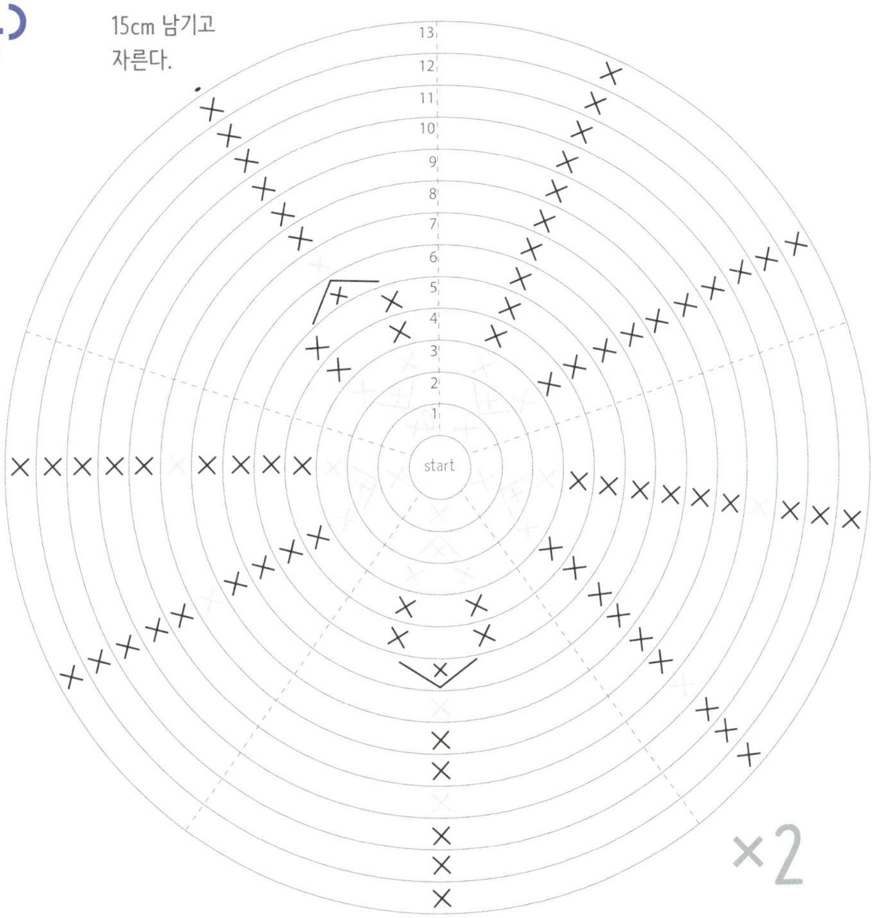

15cm 남기고 자른다.

×2

개미 귀

10cm 남기고 자른다.

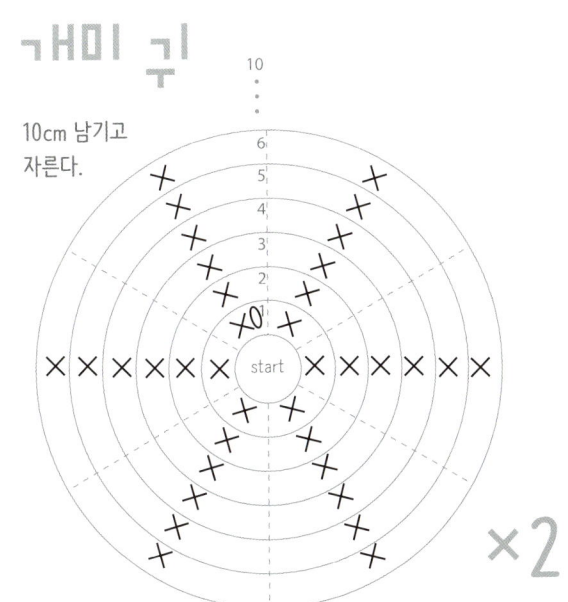

×2

개미 꼬리

10cm 남기고 자른다.

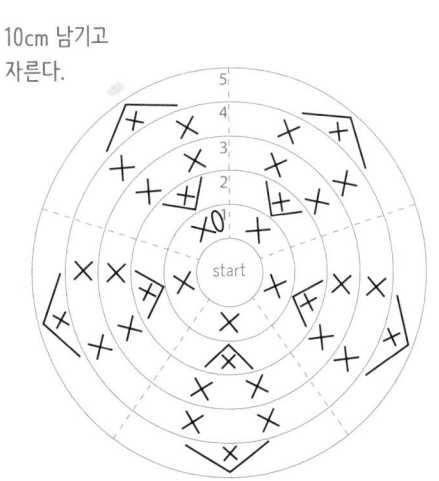

팔(공통)

15cm 남기고 자른다.

개미

● 검정

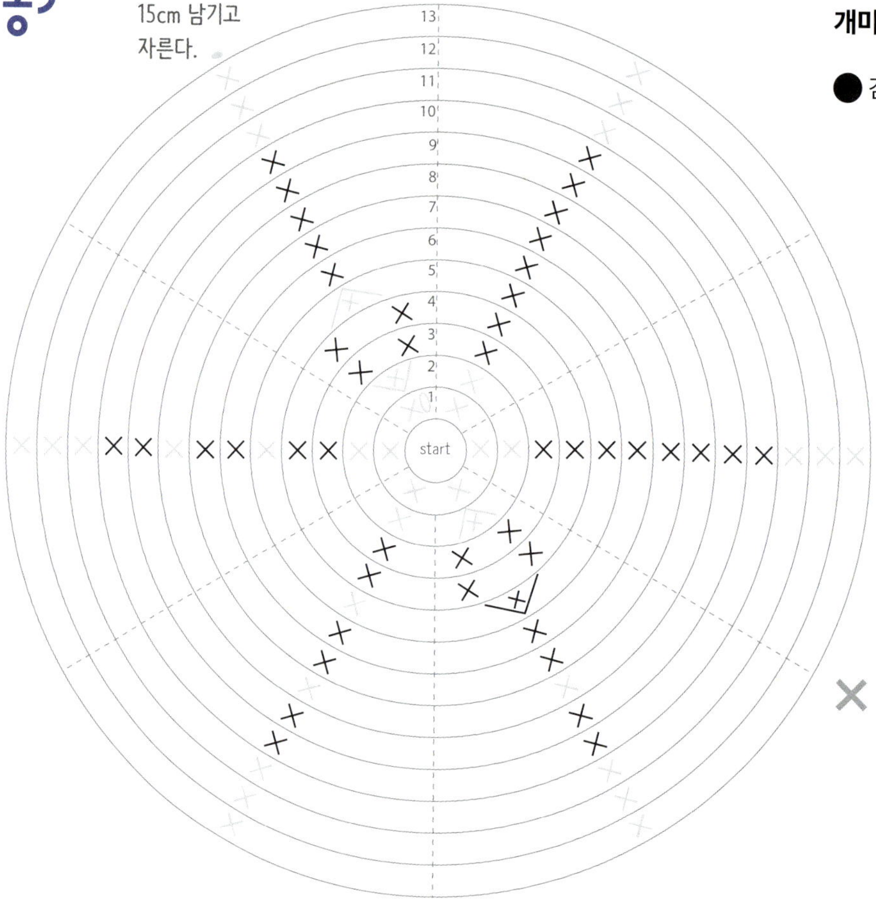

×2

고양이 귀

10cm 남기고 자른다.

×2

고양이 꼬리

10cm 남기고 자른다.

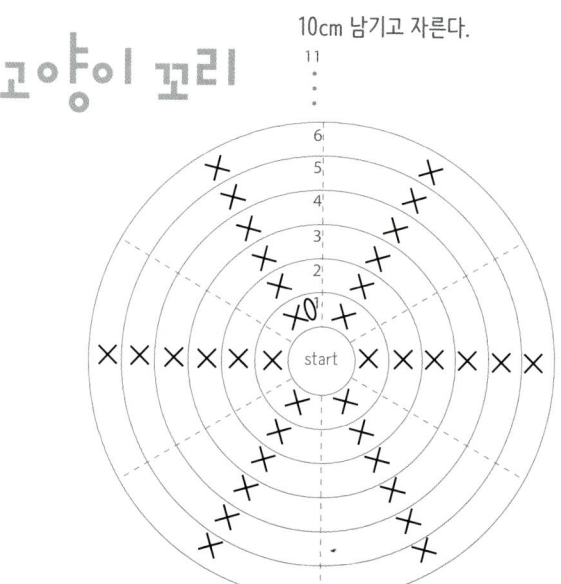

How to make

공통 - 머리와 몸통 조립하기

1 머리, 몸통, 팔의 주먹, 다리의 발에 솜을 넣는다.

2 팔, 다리, 머리를 기본 조립(73쪽)으로 연결한다.

Point 균형이 잘 맞을 때까지 조립을 여러 번 시도해주세요.

알로하 개미 - 귀 주둥이 꼬리 조립하기

1 귀를 연결하기 위해 머리 4단의 좌우에 시침핀으로 고정시킨다. 균형이 맞는지 확인해주세요.

2 귀를 감침질로 실 끝을 당겨가며 연결한다.

3 주둥이를 연결하기 위해 머리의 8~11단에 시침핀으로 고정시킨다.

4 주둥이 실 끝을 바늘에 꿰어 8단에서 4땀 뜨고 실을 당겨준다.

5 주둥이에도 바늘을 넣어 연결한다.

6 4~5를 한 번 더 반복하여 단단히 연결한다.

7 꼬리는 몸통의 5~6단에 연결한 뒤 가로로 2땀 떠 +모양으로 연결한다.

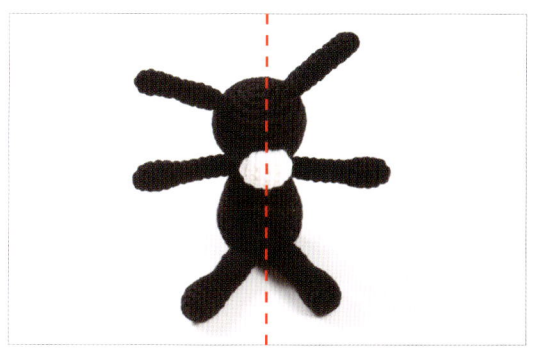

8 전체 균형이 맞는지 확인한 뒤 실밥을 정리해 마무리한다. 알로하 개미 조립 완료!

알로하 개미 - 수놓기

1 눈은 골드 실로 7단에 5코 띄우고 6번째 코에 수놓는다. 코를 수놓기 전에 라인을 그린다.

2 갈색 실을 펜 바늘을 ①로 넣고 당겨 실 끝 매듭을 머리에 감춘다.

3 실을 힘껏 당겨 땅콩 주둥이로 만든다.

4 ㅅ 모양으로 스티치를 수놓는다. ②에서 ③으로

5 다시 ②에서 ④로 수놓는다.

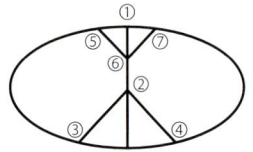

6 코의 라인을 만들기 위해 ②에서 ⑤로, ⑥에서 ⑦로 수놓는다.

7 ⑦에서 ⑥을 거쳐 ①로 수놓아 라인부터 그린다.

8 이제 ⑤⑥⑦을 반복하여 코의 윗면을 촘촘하게 메운다.

9 오똑한 코 완성

10 개미 완성!

얼룩 고양이 - 귀 주둥이 꼬리 조립하기

1 귀를 연결하기 위해 머리 3~7단의 좌우에 시침핀으로 고정시킨다.

2 감침질로 실 끝을 당겨가며 연결한다. 균형이 맞지 않으면 다시 연결한 뒤 실밥을 정리한다.

3 주둥이를 8~11단에 연결한다.

4 꼬리를 연결하기 위해 몸통의 4단에 감침질한다.

5 얼룩 고양이 조립 완료!

Point 균형이 잘 맞을 때까지 조립을 여러 번 시도해주세요.

얼룩 고양이 - 수놓기

1 전체 균형이 맞는지 확인한 뒤 실밥을 정리해 마무리한다.

2 눈은 흰색 실로 6단에서 4코 수놓고, 4코 띄운 뒤 4코 수놓는다. 코는 알로하 개미를 참고하여 갈색 실로 수놓는다. 핑크색 실로 코의 윗면을 촘촘하게 메운다.

3 멸치(113쪽 참고)를 뜬 뒤 머리의 2단 중심에 한 땀 떠 달아준다.

4 고양이 완성!

서양배 곰   사과 토끼   레몬 멍
멸치 야옹 바나나 원숭이 체리 수달

Part 3

난이도 ✳✳

야미얌 친구들

야미얌 친구들

생년월일 2011년 6월 20일
standard 키 15cm 몸무게 25g

standard

준비물
실, 코바늘, 가위,
돗바늘, 솜, 겸자

사용 기법
사슬뜨기
짧은뜨기
한길긴뜨기
빼뜨기

실 · 바늘 · 완성 크기

standard	면사 2mm
	모사용 코바늘 4.5호(2.75mm)
	5×14cm
micro	면사 20수(1mm)
	레이스 코바늘 4호(1.25mm)
	2×6cm

머리(공통)

10cm 남기고 자른다.

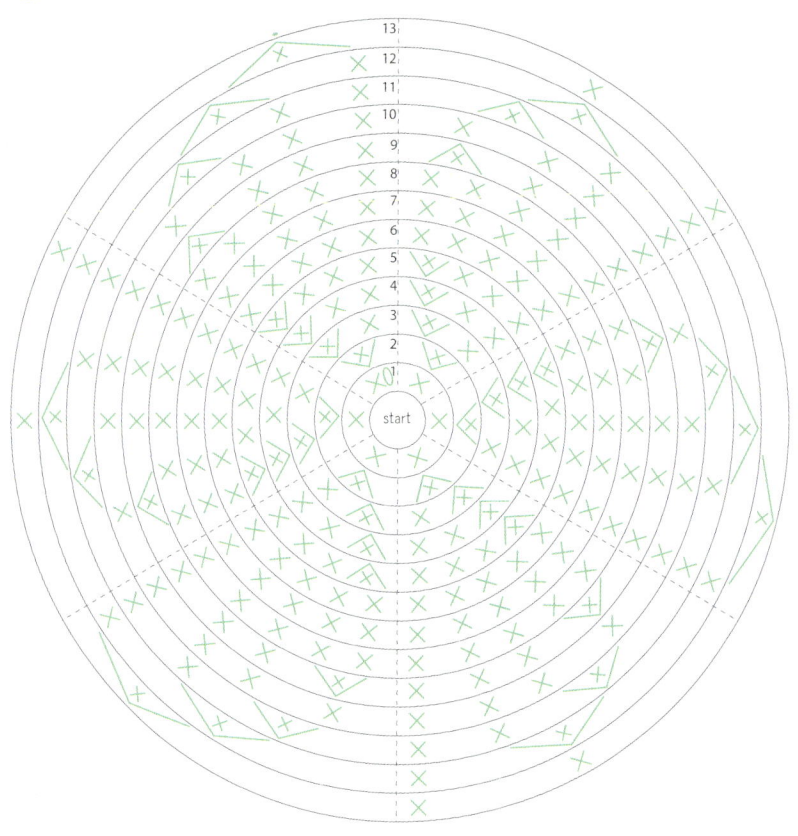

팔(공통)

15cm 남기고 자른다.

다리(공통)

15cm 남기고 자른다.

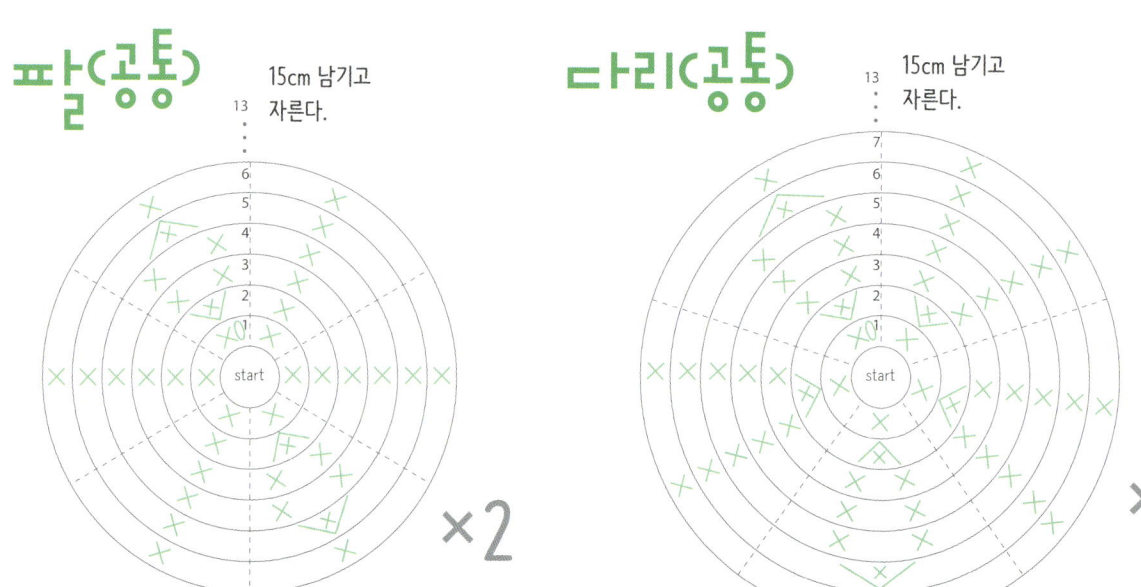

×2   ×2

몸통(공통)

15cm 남기고 자른다.

입(공통)

15cm 남기고 자른다.

꼬리

15 (원숭이)
11 (고양이)
10 (강아지)
9 (수달)

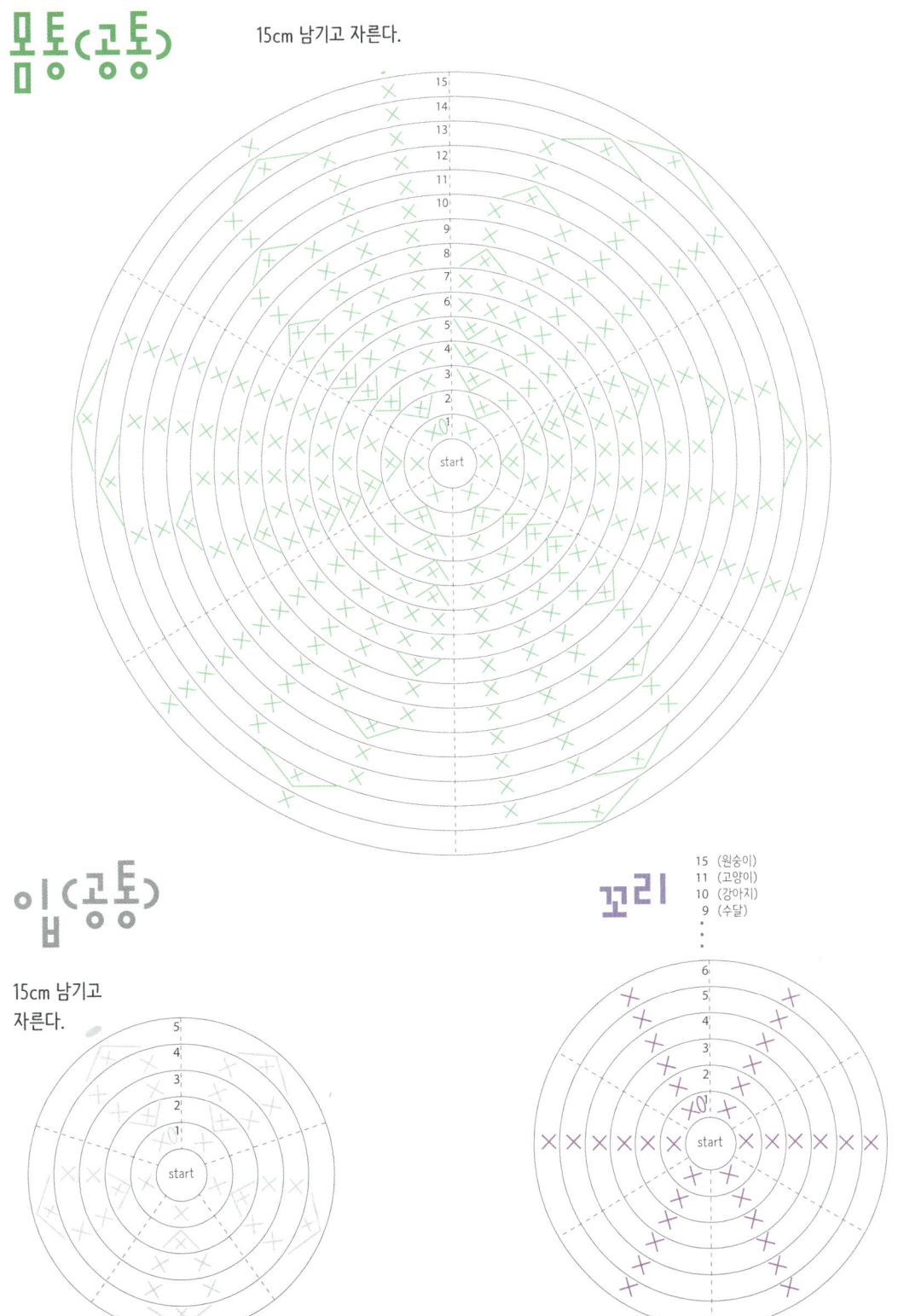

기본 조립하기 - 공통

1. 머리와 몸통을 한 코마다 한 번씩 연결한다(73쪽 참고).
2. 팔은 좌우 균형에 맞춰 15단에 연결한다(74쪽 참고).
3. 다리는 몸통의 5단에 연결한다. 이때 다리와 다리 사이는 1코~2코 정도 띄운다(75쪽 참고).

Point 균형이 잘 맞을 때까지 조립을 여러 번 시도해주세요.

서양배 곰 사과 토끼

실 색깔
- 민트
- 분홍
- 갈색

준비물
쪼꼬미 서양배, 사과, 복숭아
(31쪽, 20쪽, 30쪽 참고)

곰 귀

10cm 남기고 자른다.

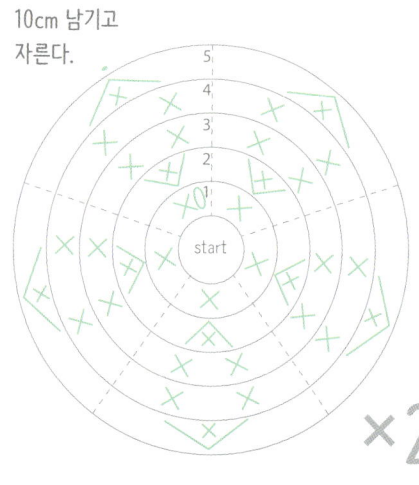

×2

기본(머리 몸통 팔 다리) 조립을 한 뒤

1. 귀는 머리의 2~4단에 좌우대칭으로 연결한다(98쪽 참고).
2. 주둥이는 머리의 7~11단에 달아준다(98쪽 참고).
3. 눈은 갈색 실로 7단에서 눈과 눈 사이를 6코 띄워 수놓는다.
4. 코는 99~101쪽을 참고해 수놓아준다.
5. 서양배는 머리의 2~4단에 +모양으로 달아준다.
6. 복숭아는 몸통의 5~6단에 +모양으로 연결한다(99쪽 참고).

토끼 귀

10cm 남기고
자른다.

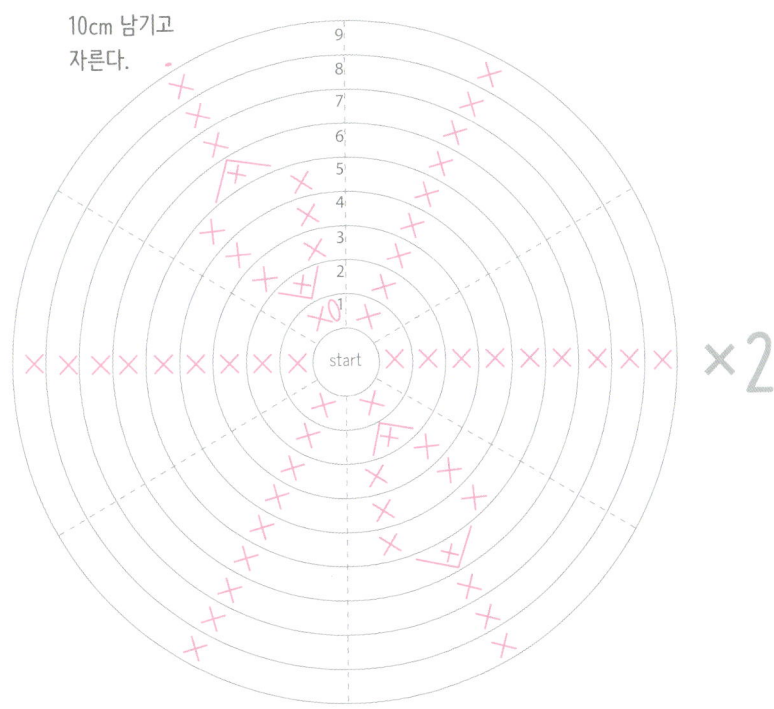

×2

사과 토끼

기본(머리 몸통 팔 다리) 조립을 한 뒤

1. 귀는 머리의 2~4단에 좌우대칭으로 연결한다(98쪽 참고).
2. 주둥이는 머리의 7~11단에 달아준다(98쪽 참고).
3. 눈은 갈색 실로 7단에서 눈과 눈 사이를 6코 띄워 수놓는다.
4. 코는 99~101쪽을 참고해 수놓아준다.
5. 초록 사과는 머리의 2~4단에 +모양으로 달아준다.
6. 빨간 사과는 몸통의 5~6단에 +모양으로 연결한다(99쪽 참고).

레몬 멍 멸치 야옹

실 색깔
- 🟡 노랑
- 🟣 보라
- 🟤 갈색

준비물
쪼꼬미 레몬, 귤
(34, 36쪽 참고)

멍멍이 귀

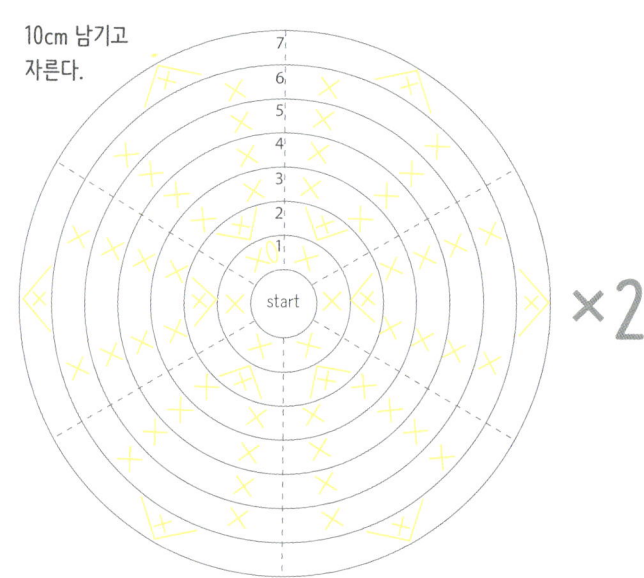

10cm 남기고 자른다.
×2

고양이 입

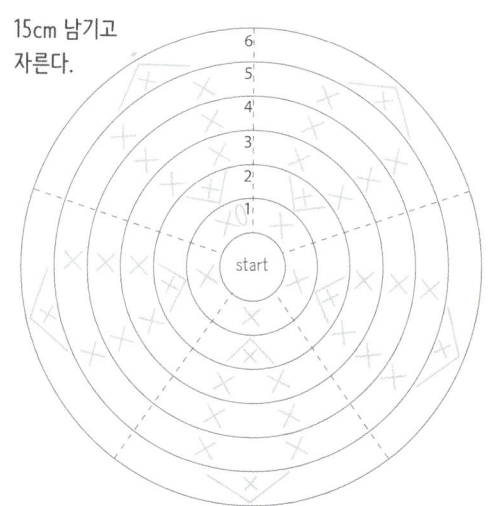

15cm 남기고 자른다.

고양이 귀

10cm 남기고 자른다.
×2

물고기

10cm 남기고 자른다.

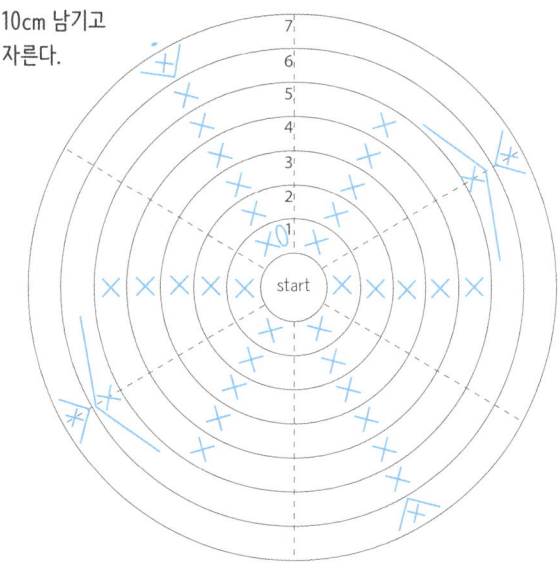

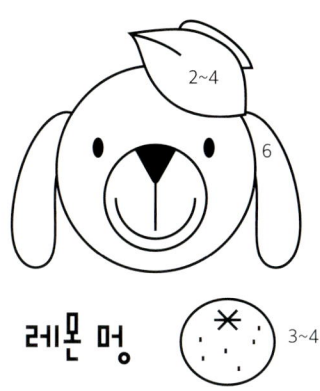

레몬 멍

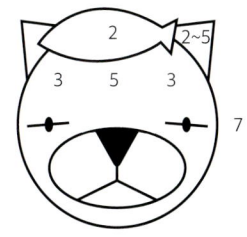
3~4

기본(머리 몸통 팔 다리) 조립을 한 뒤

1 귀는 머리의 6단에 좌우대칭으로 연결한다(98쪽 참고).

2 주둥이는 머리의 7~11단에 달아준다(98쪽 참고).

3 눈은 갈색 실로 7단에 눈과 눈 사이를 6코 띄워 수놓는다.

4 코는 99~101쪽을 참고해 수놓아준다.

5 레몬은 머리의 2~4단에 +모양으로 달아준다.

6 꼬리를 몸통의 5단에 달고, 꼬리의 3~4단에 귤을 +모양으로 연결한다(99쪽 참고).

멸치 야옹

기본(머리 몸통 팔 다리) 조립을 한 뒤

1 귀는 머리의 2~5단에 연결한다(98쪽 참고).

2 주둥이는 머리의 8~11단에 달아준다(98쪽 참고).

3 눈은 갈색 실로 7단에서 3코 수놓고, 5코 띄우고, 3코 수놓는다.

4 코는 99~101쪽을 참고해 수놓아준다.

5 물고기를 머리의 2단에 달아준다.

6 꼬리는 5단에 달고, 꼬리의 3~4단에 물고기를 연결한다(99쪽 참고).

바나나 원숭이 체리 수달

실 색깔
- 🔵 하늘
- 🔴 코랄
- 🟤 갈색

준비물
쪼꼬미 바나나,
체리, 딸기
(43쪽, 38, 40쪽 참고)

원숭이 얼굴

20cm 남기고 자른다.

원숭이 귀

10cm 남기고 자른다.

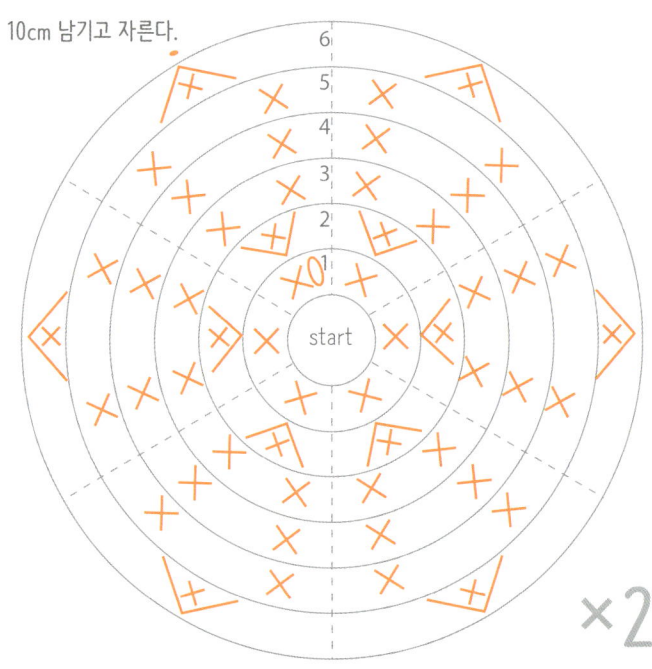

×2

 수달 귀

20cm 남기고 자른다.

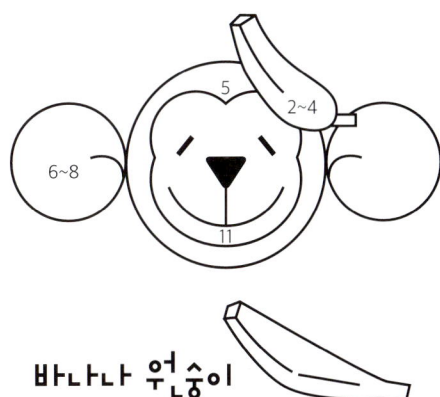

바나나 원숭이

기본(머리 몸통 팔 다리) 조립을 한 뒤

1 귀는 머리의 6~8단에 연결한다(98쪽 참고).

2 원숭이의 얼굴은 머리의 5~11단에 달아준다.

3 눈은 갈색 실로 얼굴의 3단에 대칭으로 수놓는다.

4 코는 99~101쪽을 참고해 수놓아준다.

5 바나나를 머리의 2~4단에 달아준다.

6 꼬리를 몸통의 5단에 달고, 꼬리 끝을 11단에 고정해 말린 꼬리를 만든 뒤 바나나를 사이에 넣어준다(99쪽 참고).

체리 수달

기본(머리 몸통 팔 다리) 조립을 한 뒤

1 귀는 머리의 3~4단에 연결한다(98쪽 참고).

2 주둥이는 머리의 7~11단에 달아준다(98쪽 참고).

3 눈은 갈색 실로 7단에 6코 띄워 수놓는다.

4 코는 99~101쪽을 참고해 수놓아준다.

5 체리를 머리의 3단에 달아준다.

6 꼬리를 몸통의 5단에 달고, 꼬리의 3~4단에 핑크 딸기를 연결한다(99쪽 참고).

| 희 강아지 뼈다귀 | 애 곰 고기 | 잠 수달 |
| 로 고양이 물고기 | 락 원숭이 바나나 | 멍 토끼 |

Part 4

난이도 ✱✱✱

희로애락잠멍

희로애락잠멍

생년월일 2015년 6월 19일
micro 키 9.5cm **몸무게** 9.5g

준비물
실, 코바늘, 가위,
돗바늘, 솜, 겸자

부자재
폼폼 18mm,
원형코 5mm

사용 기법
사슬뜨기
짧은뜨기
빼뜨기

실·바늘·완성 크기

standard	면사 2mm
	모사용 코바늘 4.5호(2.75mm)
micro	면사 20수(1mm)
	레이스 코바늘 4호(1.25mm)

기본 조립하기 - 공통

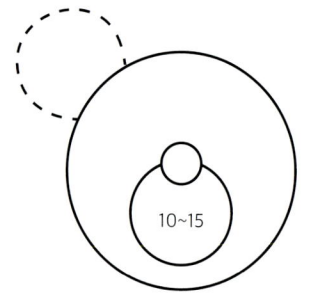

팔 26단
다리 4~6단
주둥이 10~15단

1 머리와 몸통을 한 코마다 한 번씩 연결한다(73쪽 참고).

2 팔은 몸통의 앞과 뒤를 구별한 뒤 대칭으로 26단에 달아준다(74쪽 참고).
*볼록하게 배가 나온 부분이 앞쪽이다.

3 다리는 몸통의 4~6단에 원통 모양으로 좌우 균형에 맞게 연결한다.

4 주둥이는 머리의 10~15단에 연결한다.

Point 균형이 잘 맞을 때까지 조립을 여러 번 시도해주세요.

머리(공통)
20cm 남기고 자른다.

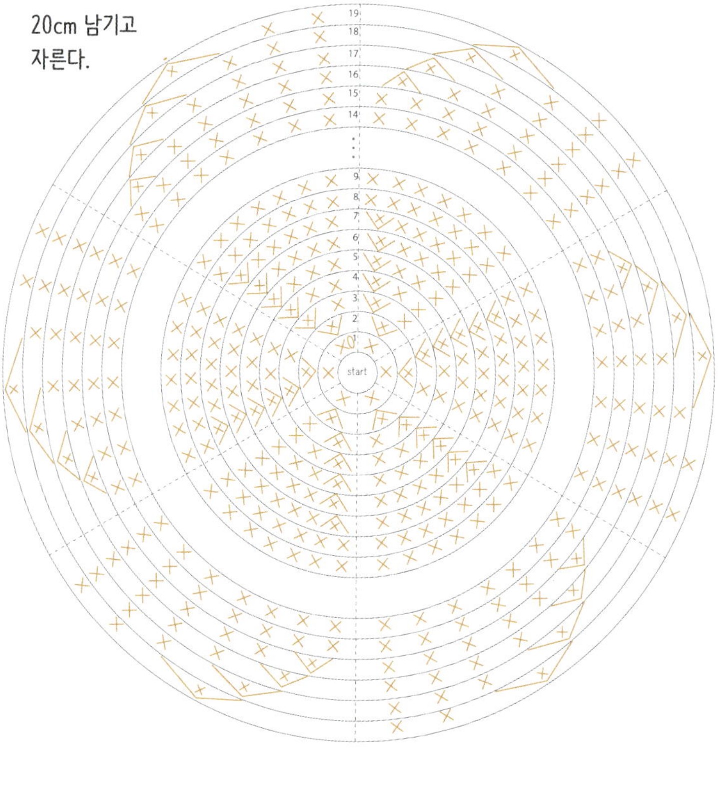

다리(공통)
15cm 남기고 자른다. 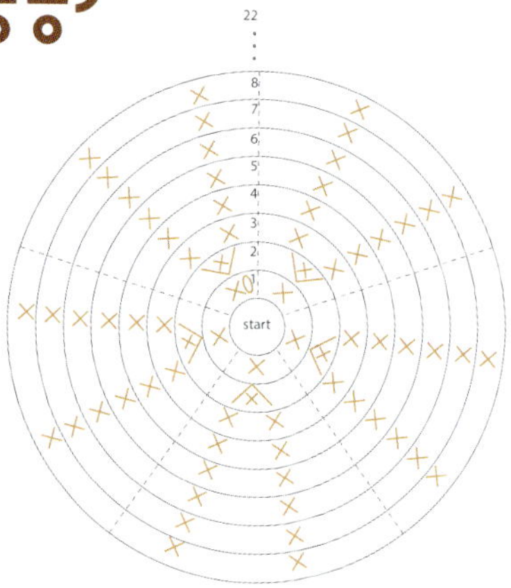
×2

팔(공통)
15cm 남기고 자른다.
×2

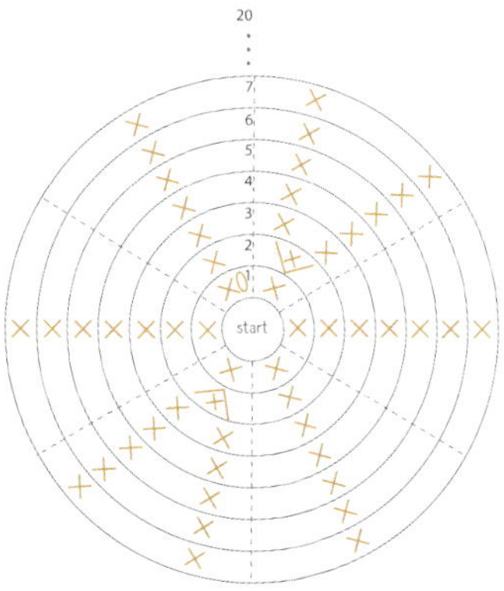

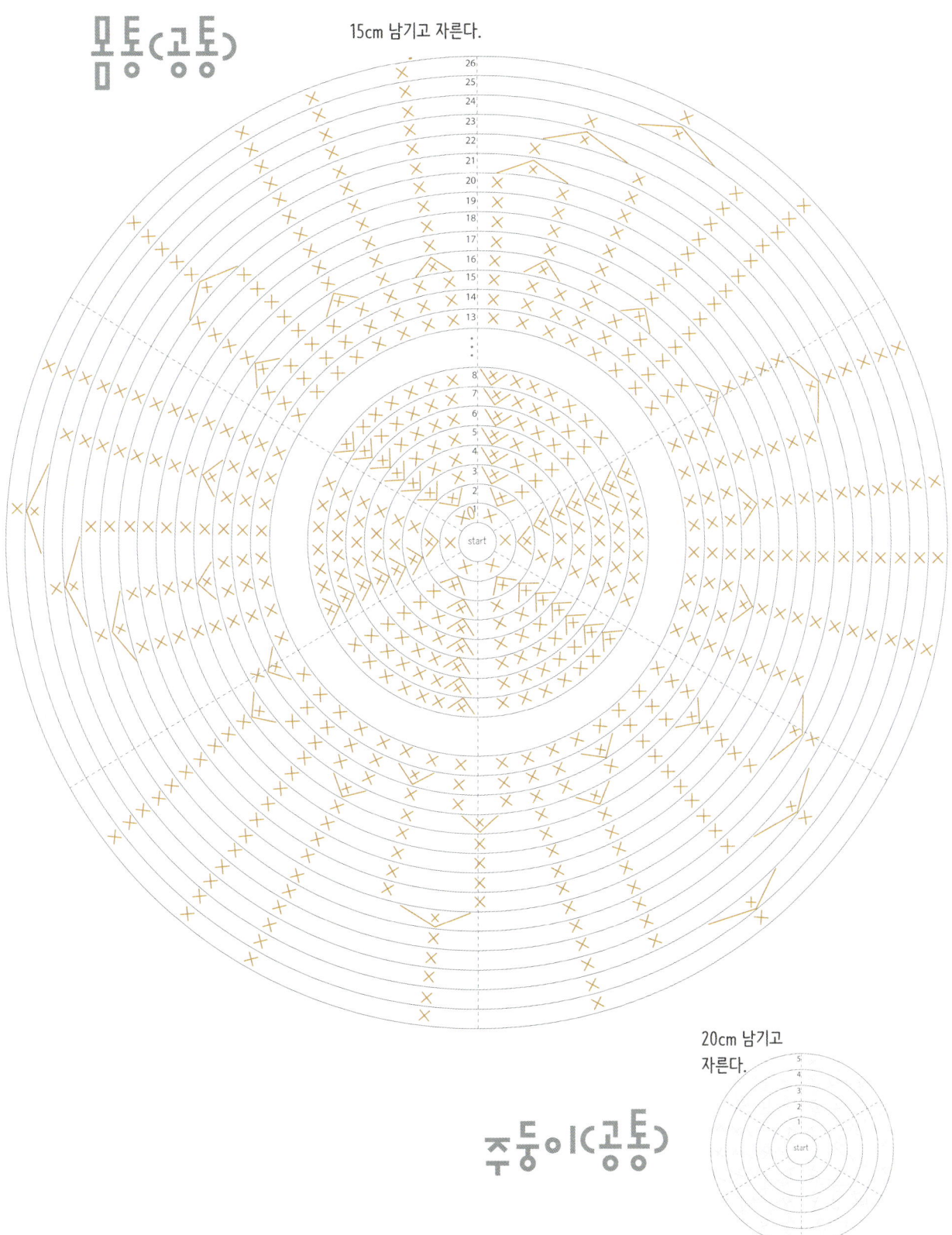

흰 강아지 뼈다귀 로 고양이 물고기

실 색깔
- 흰색
- 회색
- 파랑
- 갈색

완성 크기

강아지, 고양이		뼈다귀		물고기	
standard	8×23cm	standard	5×2cm	standard	5×2cm
micro	3×9.5cm	micro	2.5×0.8cm	micro	2.5×0.8cm

강아지 귀

15cm 남기고 자른다.

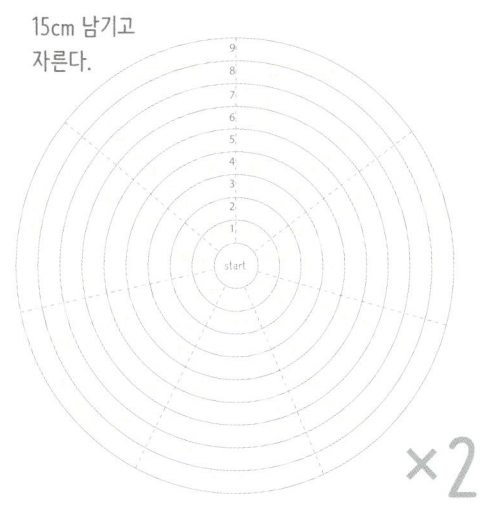

×2

고양이 귀

15cm 남기고 자른다.

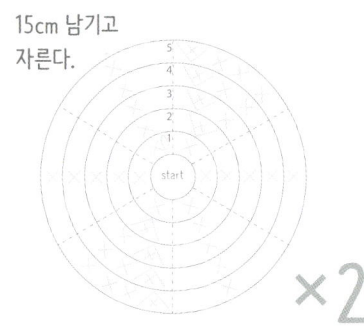

×2

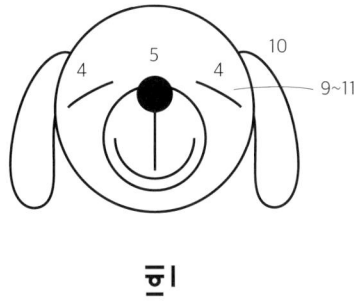

히

기본(머리 몸통 팔 다리 주둥이) 조립을 한 뒤

1 귀는 머리의 10단에 좌우대칭으로 연결한다(98쪽 참고).

2 눈은 갈색 실로 9~11단에 4코 수놓고, 눈과 눈 사이를 5코 띄운 뒤 4코를 한번 더 수놓는다.

3 코는 99~101쪽을 참고해 수놓아주거나 폼폼이나 펠트볼로 장식해도 좋다.

4 핑크색 실로 13단에 세 번씩 볼터치 한다.

5 꼬리는 몸통의 7단에 달아준다(99쪽 참고).

6 뼈다귀를 떠서 머리에 장식한다.

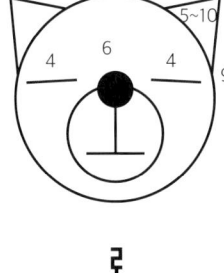

로

기본(머리 몸통 팔 다리 주둥이) 조립을 한 뒤

1 귀는 머리의 5~10단에 좌우대칭으로 연결한다(98쪽 참고).

2 눈은 갈색 실로 9단에 4코 수놓고, 눈과 눈 사이를 6코 띄운 뒤 4코를 한번 더 수놓는다.

3 코는 99~101쪽을 참고해 수놓아주거나 폼폼이나 펠트볼로 장식해도 좋다.

4 꼬리는 몸통의 7단에 달아준다(99쪽 참고).

5 물고기를 떠서 머리에 장식한다.

물고기

15cm 남기고 자른다.

강아지 꼬리

15cm 남기고 자른다.

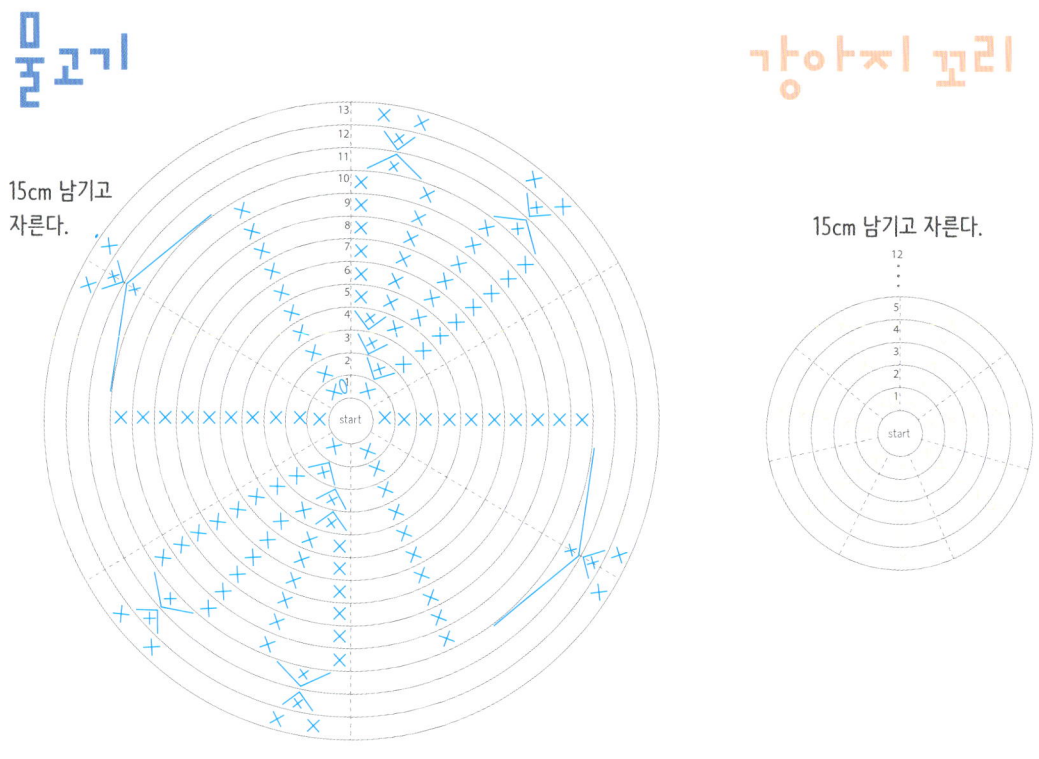

뼈다귀

고양이 꼬리

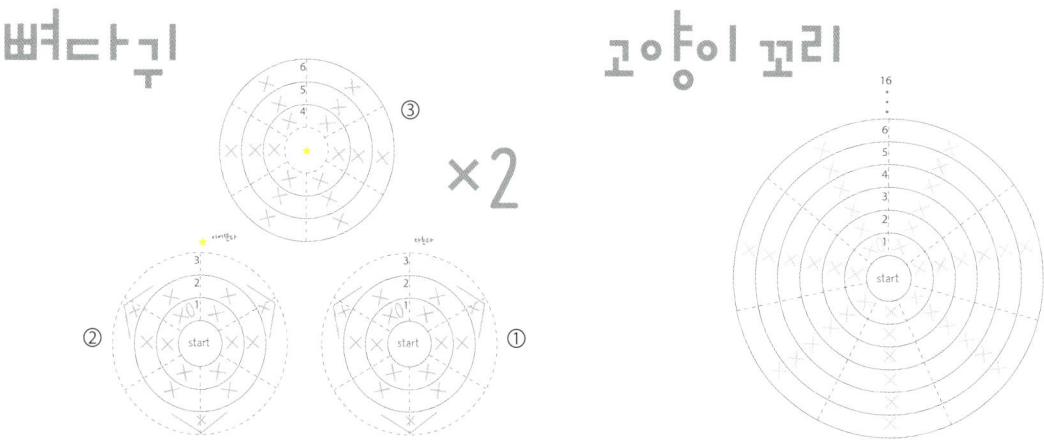

1 ①을 뜬 뒤 실을 자르고 ②를 뜬 다음 ①과 함께 이어 ③을 뜬다.

2 1과 같이 한 개 더 뜬 뒤 두 개를 감침질로 연결한다.

애 곰 고기 락 원숭이 바나나

실 색깔
- 모카
- 밀크티
- 흰색
- 갈색

완성 크기

곰, 원숭이

standard	8×23cm
micro	3×9.5cm

고기

standard	6×2cm
micro	2.5×0.8cm

준비물
귀요미 바나나
(65쪽 참고)

고기

15cm 남기고 자른다.

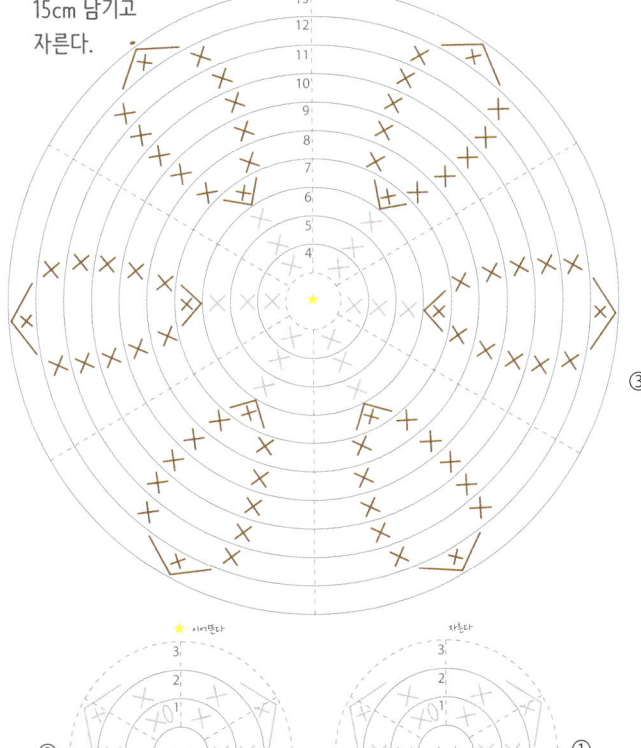

곰 귀

15cm 남기고 자른다.

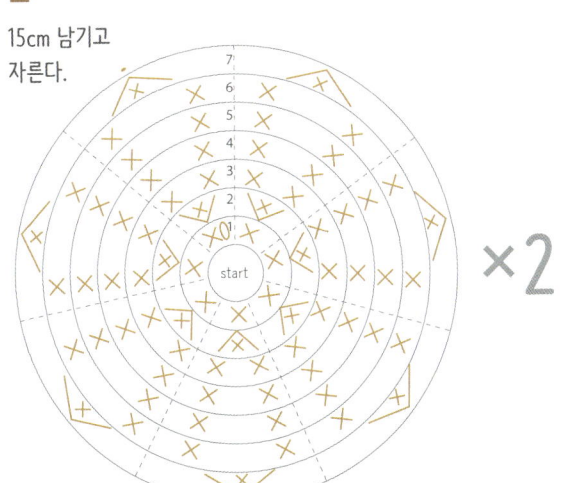

×2

곰 꼬리

15cm 남기고 자른다.

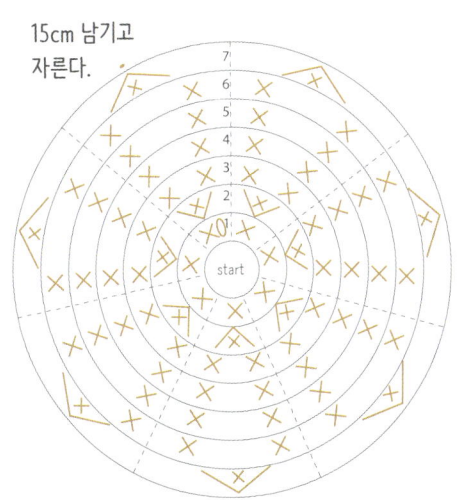

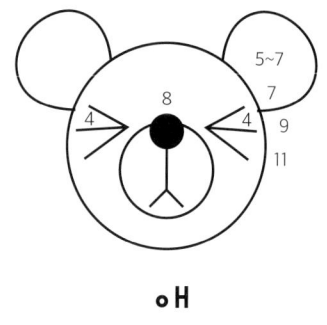

기본(머리 몸통 팔 다리 주둥이) 조립을 한 뒤

1. 귀는 머리의 5~7단에 좌우대칭으로 연결한다(98쪽 참고).
2. 눈은 갈색 실로 중앙 9단에 4코 수놓고, 눈과 눈 사이를 8코 띄운 뒤 4코를 한번 더 수놓는다. 중심에서 위아래로 2단씩 올리고 내려 눈의 모양을 잡아준다.
3. 코는 99~101쪽을 참고해 수놓아주거나 폼폼이나 펠트볼로 장식해도 좋다.
4. 꼬리는 몸통의 7~8단에 달아준다(99쪽 참고).
5. 고기를 떠서 머리에 장식한다.

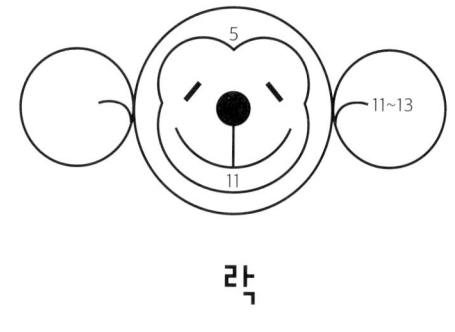

기본(머리 몸통 팔 다리 주둥이) 조립을 한 뒤

1. 귀는 머리의 11~13단에 좌우대칭으로 연결한다(98쪽 참고).
2. 원숭이의 얼굴은 머리의 5~11단에 달아준다.
3. 눈은 갈색 실로 얼굴의 3단에 대칭으로 수놓는다.
4. 코는 99~101쪽을 참고해 수놓아주거나 폼폼이나 펠트볼로 장식해도 좋다.
5. 꼬리는 몸통의 7단에 달아준다(99쪽 참고).
6. 바나나(65쪽 참고)를 떠서 머리에 장식한다.

원숭이 얼굴

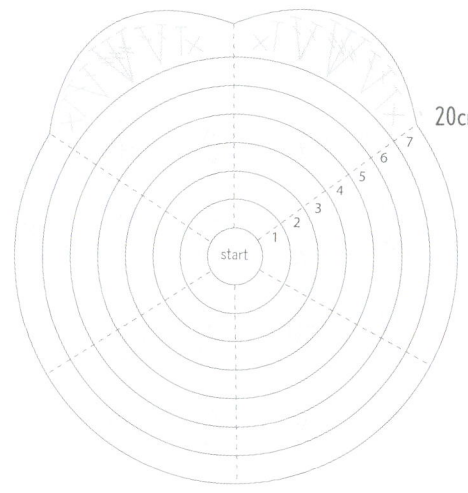

20cm 남기고 자른다.

원숭이 귀

15cm 남기고
자른다.

×2

원숭이 꼬리

15cm 남기고
자른다.

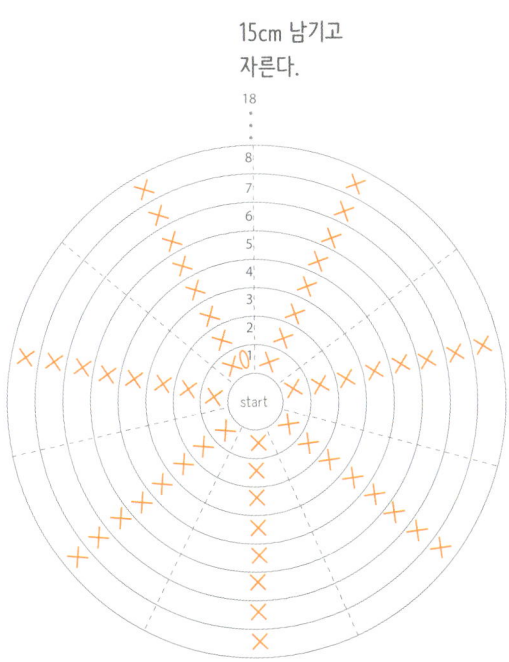

수달 토끼

실 색깔	
●	연회색
●	베이지
○	흰색
●	갈색

완성 크기

standard	8×23cm
micro	3×9.5cm

수달 귀

15cm 남기고 자른다.

×2

수달 꼬리

15cm 남기고 자른다.

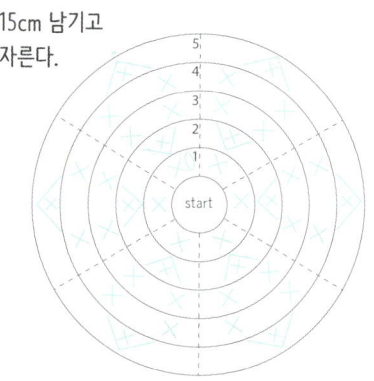

토끼 귀

15cm 남기고 자른다.

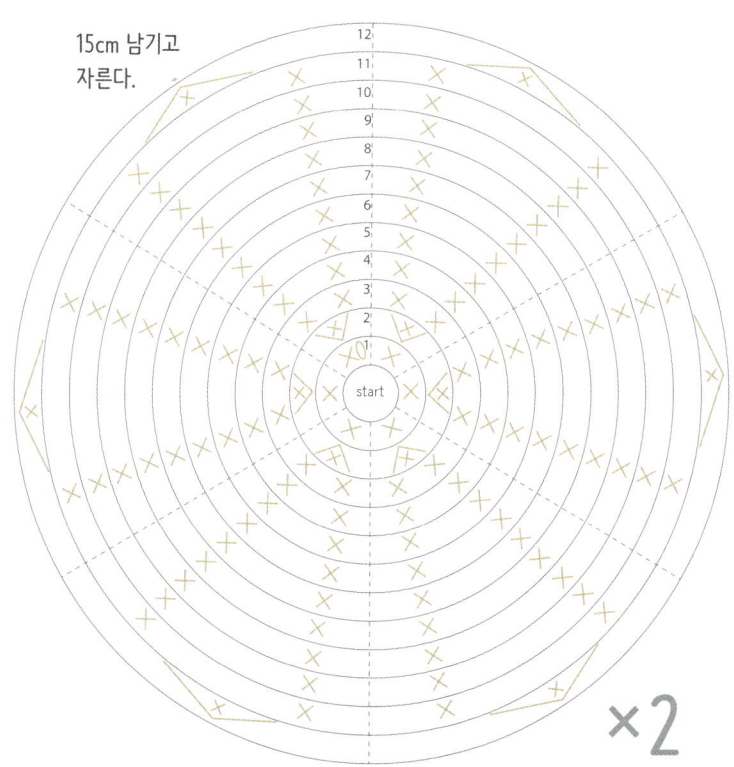

×2

토끼 꼬리

15cm 남기고 자른다.

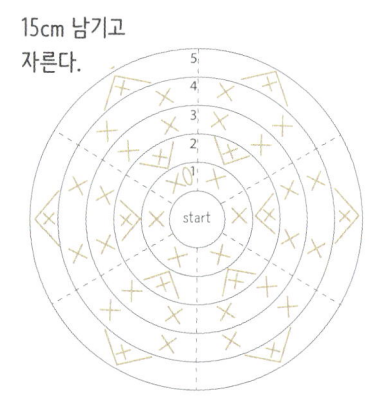

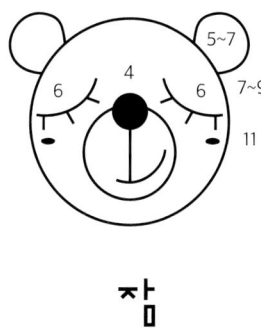

잠

기본(머리 몸통 팔 다리 주둥이) 조립을 한 뒤

1 귀는 머리의 5~7단에 좌우대칭으로 연결한다(98쪽 참고).

2 눈은 갈색 실로 7~9단에 6코 수놓고, 눈과 눈 사이를 4코 띄운 뒤 6코를 한번 더 수놓는다. 눈썹은 한 올씩 3번 수놓는다.

3 코는 99~101쪽을 참고해 수놓아주거나 폼폼이나 펠트볼로 장식해도 좋다.

4 핑크색 실로 11단에 두 땀씩 볼터치 한다.

5 꼬리는 몸통의 7~8단에 달아준다(99쪽 참고).

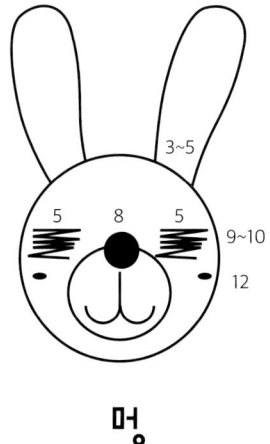

멍

기본(머리 몸통 팔 다리 주둥이) 조립을 한 뒤

1 귀는 머리의 3~5단에 좌우대칭으로 연결한다(98쪽 참고).

2 눈은 갈색 실로 9~10단에 5코 수놓고, 눈과 눈 사이를 8코 띄운 뒤 5코를 한번 더 수놓는다.

3 코는 99~101쪽을 참고해 수놓아주거나 폼폼이나 펠트볼로 장식해도 좋다.

4 핑크색 실로 12단에 세 땀씩 볼터치 한다.

5 꼬리는 몸통의 7~8단에 달아준다(99쪽 참고).

핼러윈   크리스마스

Part 5

난이도 ✹✹✹

축제

핼러윈 Halloween

준비물

실, 코바늘, 가위,
돗바늘, 솜, 겸자

standard	면사 2mm
	모사용 코바늘 4.5호(2.75mm)
micro	면사 20수(1mm)
	레이스 코바늘 4호(1.25mm)

standard

호박

사용 기법
사슬뜨기
빼뜨기
짧은뜨기

실 색깔
● 보라
● 주황
● 검정

완성 크기

큰 호박

standard	7×4cm
micro	3×1.5cm

작은 호박

standard	6×3cm
micro	2×1cm

바구니

standard	3.5×3cm
micro	1.5×1cm

큰 호박

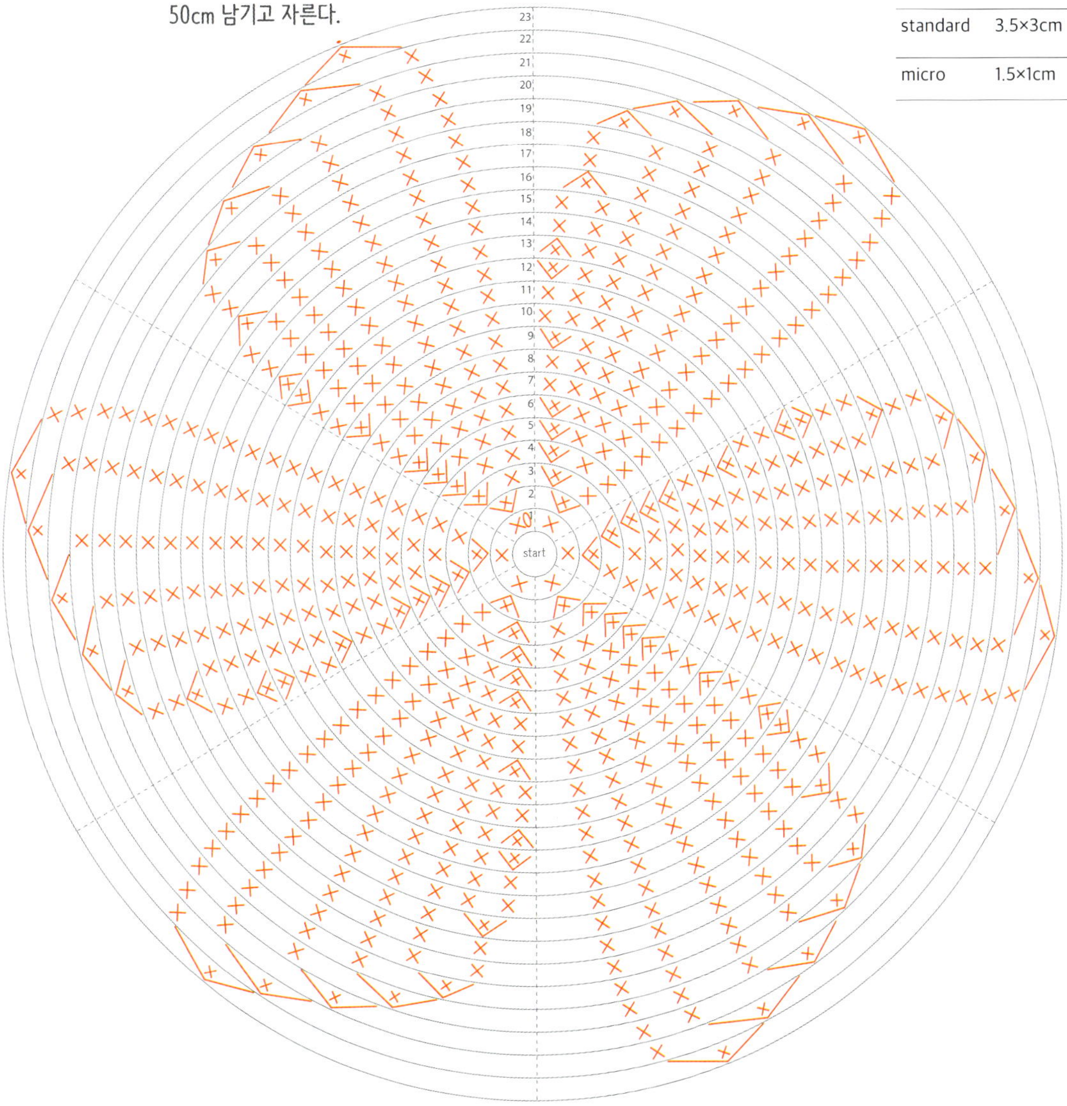

50cm 남기고 자른다.

 작은 호박

50cm 남기고 자른다.

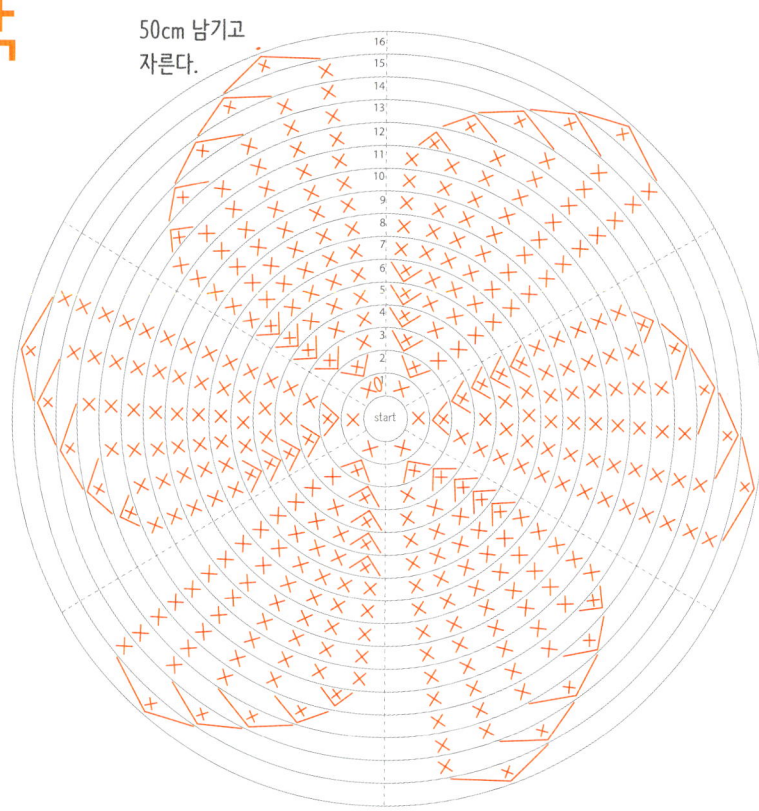

바구니 3종

10cm 남기고 자른다.

How to make 호박

1 　실을 50cm 남기고 자른 다음 솜을 넣고 구멍을 감침질로 조인 뒤 마무리한 곳에서 원형코 중심으로 바늘을 넣는다.

2 　같은 방법으로 바늘을 넣는다.

3 　실을 힘껏 당겨 첫 번째 모양을 잡아준다.

4 　반대 방향도 같은 방법으로 모양을 잡아준다.

5 　× 모양으로 마저 모양을 만든 뒤 매듭을 단단히 지어 마무리한다.

6 꼭지를 뜬다(55쪽 참고).

7 수성펜으로 선을 그린 뒤 프리스티치로 그림을 그리듯 면을 채운다.

8 호박 완성!

큰 호박

눈은 검은색 실로 9~11단에 4코 수놓고, 6코 띄운 뒤 4코를 수놓은 다음, 코를 11~12.5단 중심에 수놓는다. 이어 13~15단에 입라인을 12코 수놓은 뒤 세로 라인을 으스스하게 수놓아 마무리한다.

* 수를 놓을 때 한두 코는 달리해도 괜찮다. 러프하게 수놓는 게 포인트다.

작은 호박

눈은 검은색 실로 7단에 1.5코 수놓고, 5코 띄운 뒤 1.5코를 수놓은 다음, 코는 8단 중심에 수놓는다. 이어 9~10단에 입라인을 10코 수놓은 뒤 좌우 세로 라인을 수놓아 마무리한다.

How to make 바구니

1 바구니를 뜬 뒤 손잡이 실을 걸어온다.

2 사슬뜨기 10번한 뒤 빼뜨기해 손잡이를 뜬다.

3 프리스티치로 그림 그리듯 수놓는다.

4 호박 바구니 완성!

바구니 수놓기

눈은 검은색 실로 8단에 눈과 눈 사이를 3코 띄워 수놓은 다음, 코는 7단 중심에 ㅅ모양으로 수놓다. 입은 5~6단에 수놓는다. 블랙과 퍼플 바구니도 이미지를 참고해 수놓는다.

핼러윈 모자 3종

사용 기법

사슬뜨기
한길긴뜨기
빼뜨기
짧은뜨기

실 색깔

● 보라
● 주황
● 검정

완성 크기

마녀 모자

standard	7×7cm
micro	3×3cm

마법사 모자

standard	7×4cm
micro	3×2cm

요정 모자

standard	8×8cm
micro	4×3cm

마녀 모자

15cm 남기고 자른다.

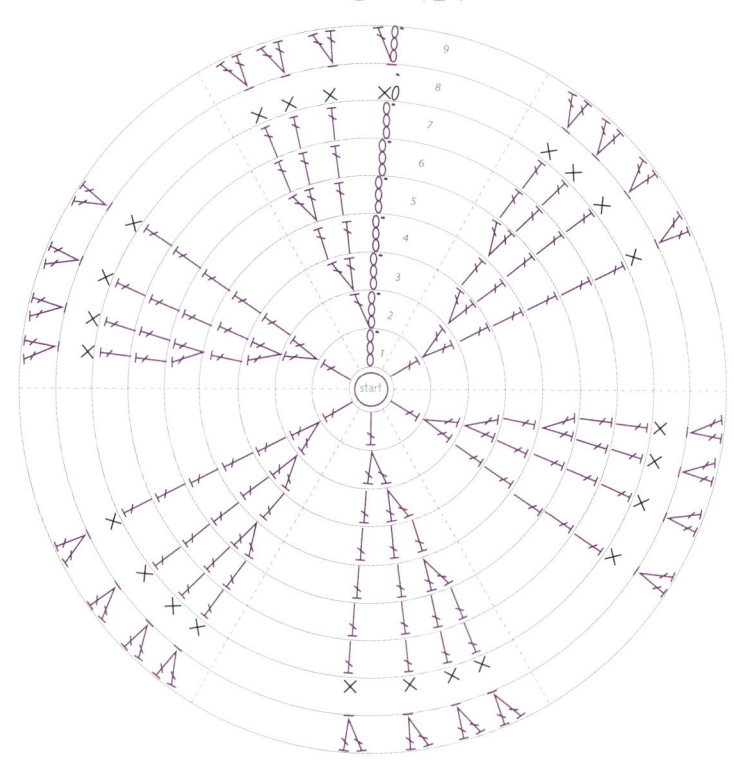

마법사 모자

요정 모자

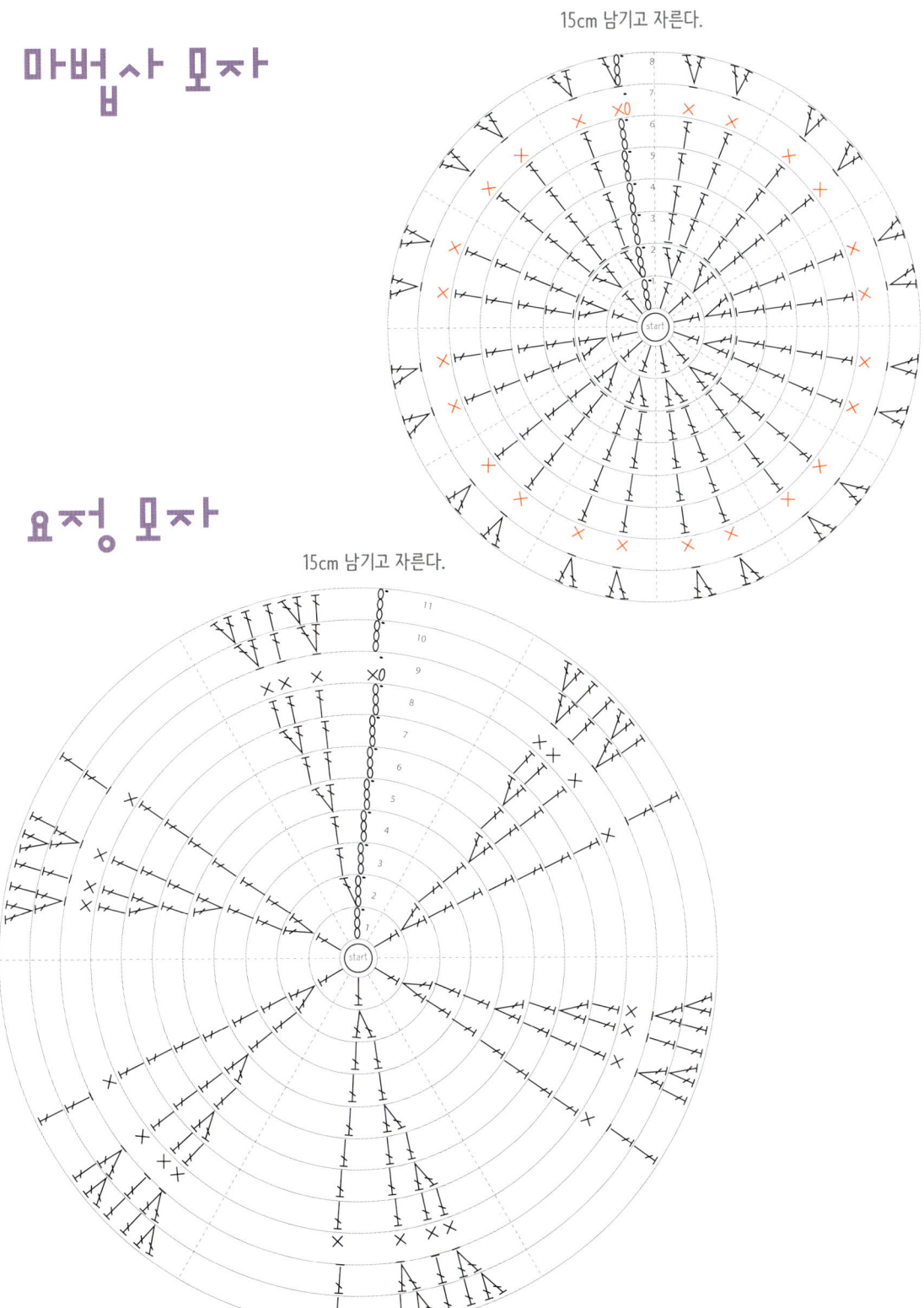

크리스마스 christmas

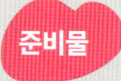
준비물

실, 코바늘, 가위,
돗바늘, 솜, 겸자

standard	면사 2mm
	모사용 코바늘 4.5호(2.75mm)
micro	면사 20수(1mm)
	레이스 코바늘 4호(1.25mm)

standard

크리스마스트리
눈사람

사용 기법
- 사슬뜨기
- 빼뜨기
- 짧은뜨기
- 한길긴이랑뜨기
- 피코뜨기

실 색깔
- 🔴 빨강
- 🟢 초록
- ⚪ 흰색
- 🟡 노랑
- 🟤 갈색

완성 크기

눈사람
standard	7×10.5cm
micro	2.5×3.5cm

크리스마스트리
standard	9×14cm
micro	3.5×5cm

목도리
standard	25×1cm
micro	12×0.4cm

20cm 남기고 자른다.

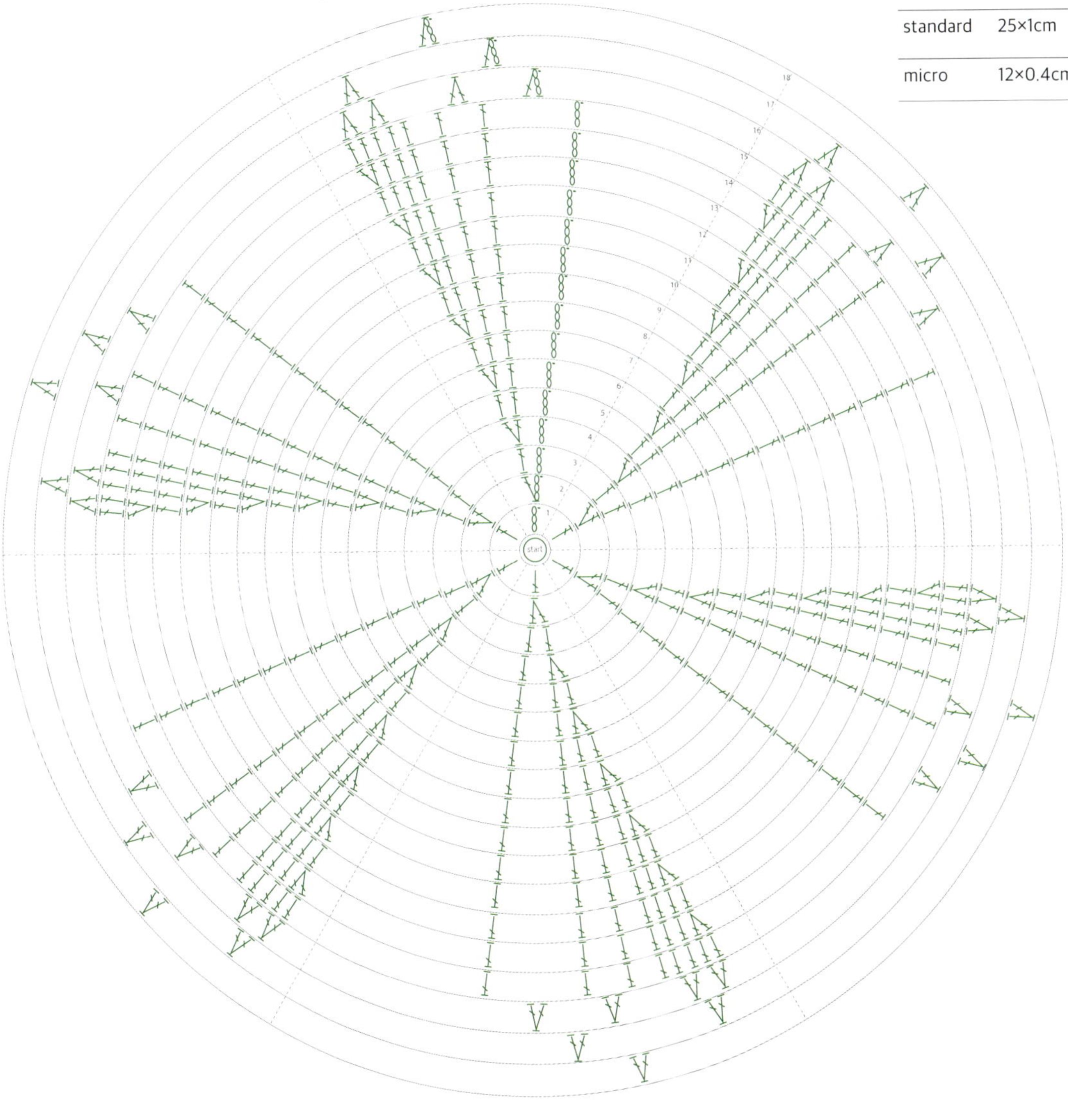

How to make 크리스마스트리

1단

1 초록색 실을 손가락에 감아 시작하는 원형코를 만들어 1단을 뜬다(6코).

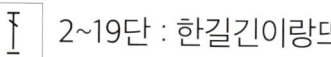 2~19단 : 한길긴이랑뜨기

2 1단의 마지막 코에 기둥을 세우고 한길긴뜨기를 1번 뜬 뒤 한길긴이랑뜨기를 할 코의 머리의 뒤쪽 1가닥을 확인한다.

3 한길긴2코넣어뜨기를 뜬다(12코).

4 2~19단까지 한길긴이랑뜨기로 뜬다.

5 나무의 뾰족한 부분부터 솜을 꼼꼼하게 채운다.

피코뜨기

1 새 실을 걸어와 짧은뜨기를 뜬다.

2 사슬뜨기를 3번 한다.

3 짧은뜨기 머리 앞쪽 반코와 다리 1가닥에 바늘을 넣는다.

4 바늘에 실을 걸어 빼낸다. 피코뜨기 완성!

5 짧은뜨기를 1번 뜬다.

6 피코뜨기와 짧은뜨기를 반복하여 뜬다.

7 돗바늘로 구슬을 달아준다.

8 크리스마스트리 완성!

눈사람 모자

15cm 남기고 자른다.

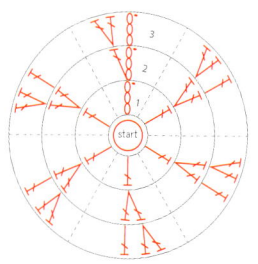

트리 구슬, 눈사람 모자 방울

10cm 남기고 자른다.

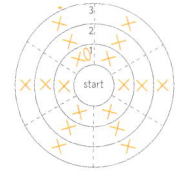

눈사람 목도리

눈사람

20cm 남기고 자른다.

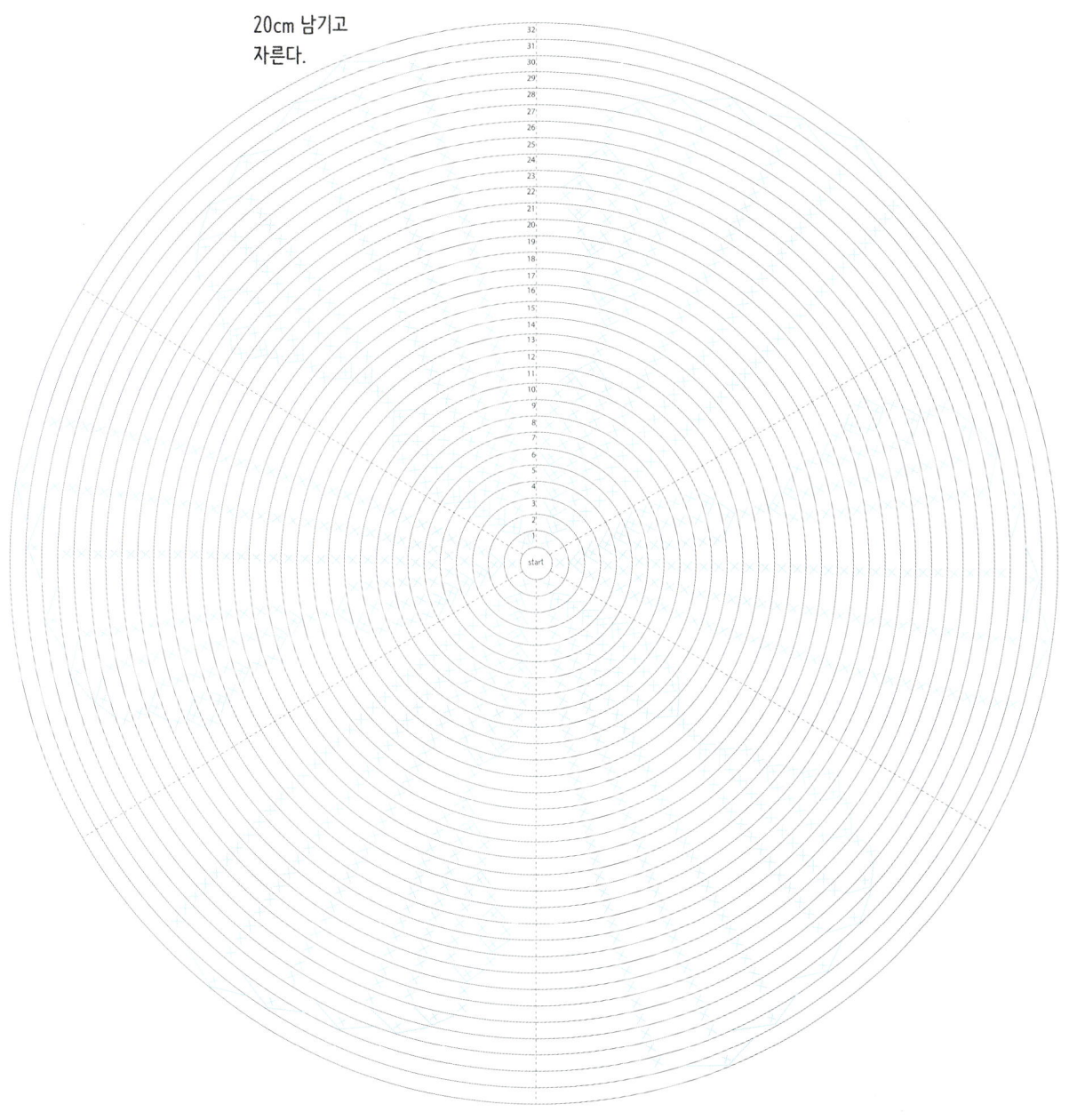

How to make 눈사람

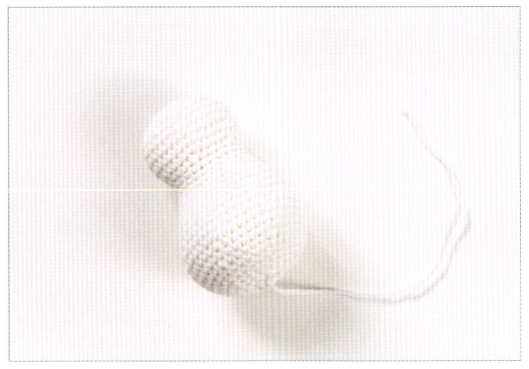

1 눈사람은 뜬 뒤 솜을 머리끝부터 눈사람을 상상하며 넣는다.

2 눈은 갈색 실로 7단에 눈 사이를 5코 띄워 수놓은 뒤, 입술은 8단의 중심에 한 땀 수놓는다.
왼쪽 팔은 15~18단, 19~20단, 왼쪽 손은 20~22단에 수놓는다. 오른쪽 팔은 15단의 팔과 팔 사이를 14코 띄워 대칭으로 수놓는다.

3 모자와 목도리로 장식하면 눈사람 완성!

털모자 요정모자

사용 기법

사슬뜨기
빼뜨기
한길긴뜨기
앞걸어뜨기
뒤걸어뜨기

실 색깔

🔴 빨강
🟢 초록
⚪ 흰색

완성 크기

털모자

standard	10×8cm
micro	4.5×4cm

요정 모자

standard	15×8cm
micro	7×4cm

털모자

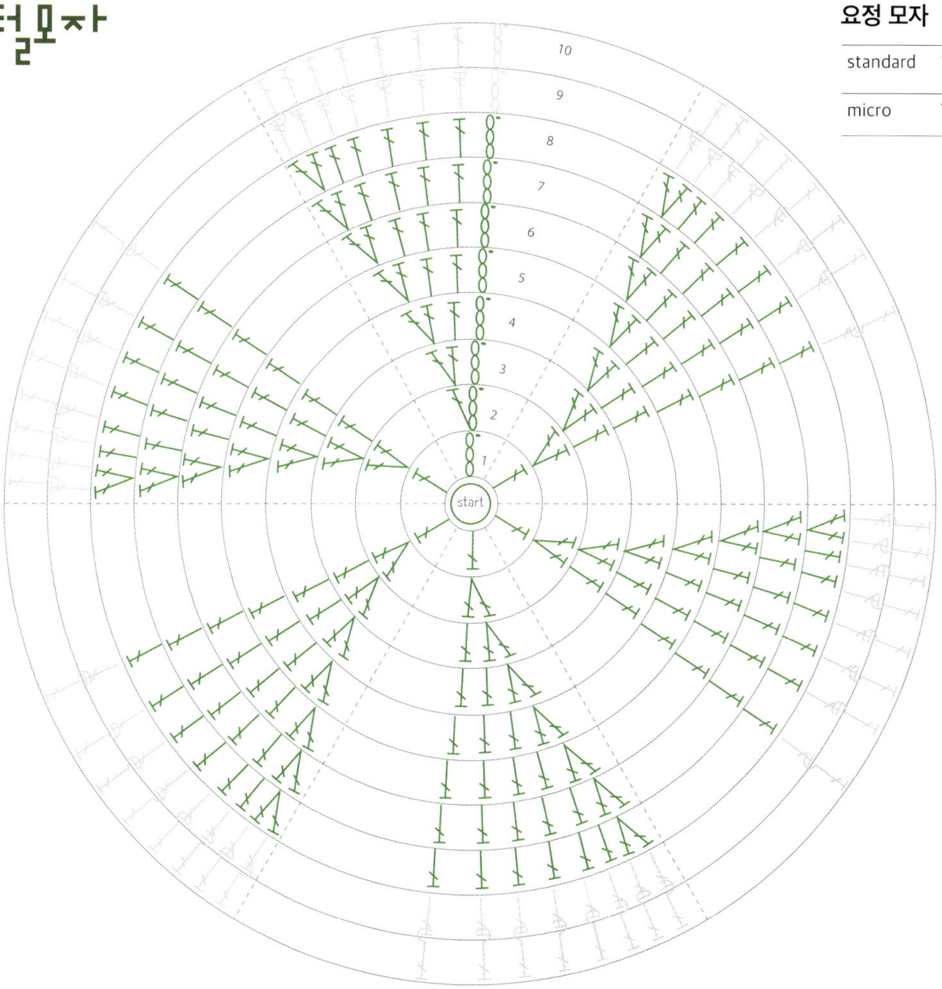

How to make 털모자

실 걸기 & 바늘 잡기

1 왼손 약지와 소지 사이로 실을 가져와 검지에 걸어 실 끝을 잡은 뒤 뒤에서 앞으로 두 번 감는다.

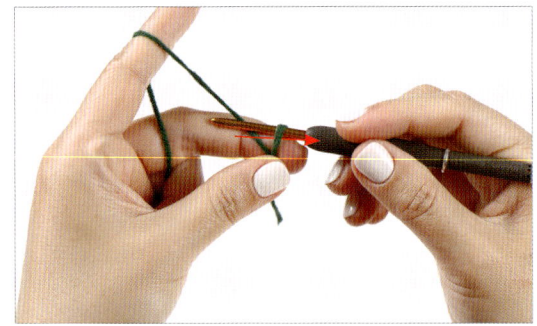

2 원형코 안에 바늘을 넣어 바늘에 실을 걸고 화살표 방향으로 빼낸다.

1단 : 한길긴뜨기

1 이어 바늘에 실을 걸어 고리 사이로 빼내 한길긴뜨기 기둥코 사슬뜨기를 3번 한다.

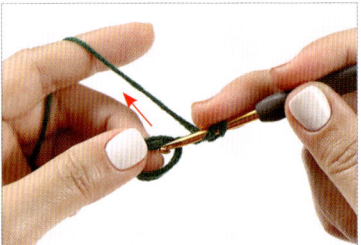

2 바늘에 실을 걸고 원형코 안에 바늘을 넣는다.

3 바늘에 실을 걸어 화살표 방향으로 빼낸다.

TIP 기둥코란 단을 시작할 때 그 단과 같은 높이로 사슬을 떠주는 코인데, 콧수로 헤아린다.

4 세 가닥을 확인하고 바늘에 실을 걸어 두 가닥 사이로 빼낸다.

5 다시 한번 바늘에 실을 걸어 두 가닥 사이로 빼낸다.

6 한길긴뜨기 1번

7 2~5를 5번 반복하여 한길긴뜨기를 6번 뜬다(6코).

8 실 끝을 당겨보면 줄어드는 실이 있다.

9 줄어든 실의 움직이는 방향으로 당겨 실 한 가닥을 먼저 조인다.

10 남은 한 가닥을 화살표 방향으로 당겨 원형코를 조인다.

11 기둥코인 사슬 세 번째 코에 바늘을 넣고 실을 걸어 화살표 방향으로 끝까지 빼낸다.

12 1단 완성. 한길긴뜨기 6코

2단

1 사슬뜨기를 3번 한다(한길긴뜨기 기둥).

2 같은 코에 한길긴뜨기를 1번 더 뜬다.

∀ 한길긴2코넣어뜨기

3 다음 1코에 바늘을 넣어 한길긴뜨기를 1번 뜬다.

4 같은 코에 한길긴뜨기를 1번 더 뜬다(전단의 1코가 2코로 늘어남).

5 3~4를 반복하여 2단을 완성한다.

3~8단

도안과 같이 규칙적으로 코를 늘려가며 8단을 완성한다.

9단 : 실 바꿔 뜨기

1 흰색 실로 바꾼다.

2 한길긴뜨기를 1단 뜬다(48코).

10단

1 사슬뜨기를 3번(한길긴뜨기 기둥코) 한다.

⌇ 한길긴 앞걸어뜨기

2 바늘에 실을 걸고 앞단의 다리에 화살표 방향으로 바늘을 넣는다.

3 바늘에 실을 걸고 화살표 방향으로 실을 빼낸다.

4 바늘에 실을 걸고 두 가닥 사이로 빼낸다.

5 한 번 더 바늘에 실을 걸어 두 가닥 사이로 빼낸다.

6 한길긴 앞걸어뜨기 완성!

한길긴 뒤걸어뜨기

7 바늘에 실을 걸고 앞단의 다리에 화살표 방향으로 바늘을 넣는다.

8 바늘에 실을 걸고 화살표 방향으로 실을 빼낸다.

9 바늘에 실을 걸고 두 가닥 사이로 빼낸다.

10 한 번 더 바늘에 실을 걸어 두 가닥 사이로 빼낸다.

11 한길긴 뒤걸어뜨기 완성!

12 2~11을 반복해 뜬다.

13 털모자 완성!

요정모자

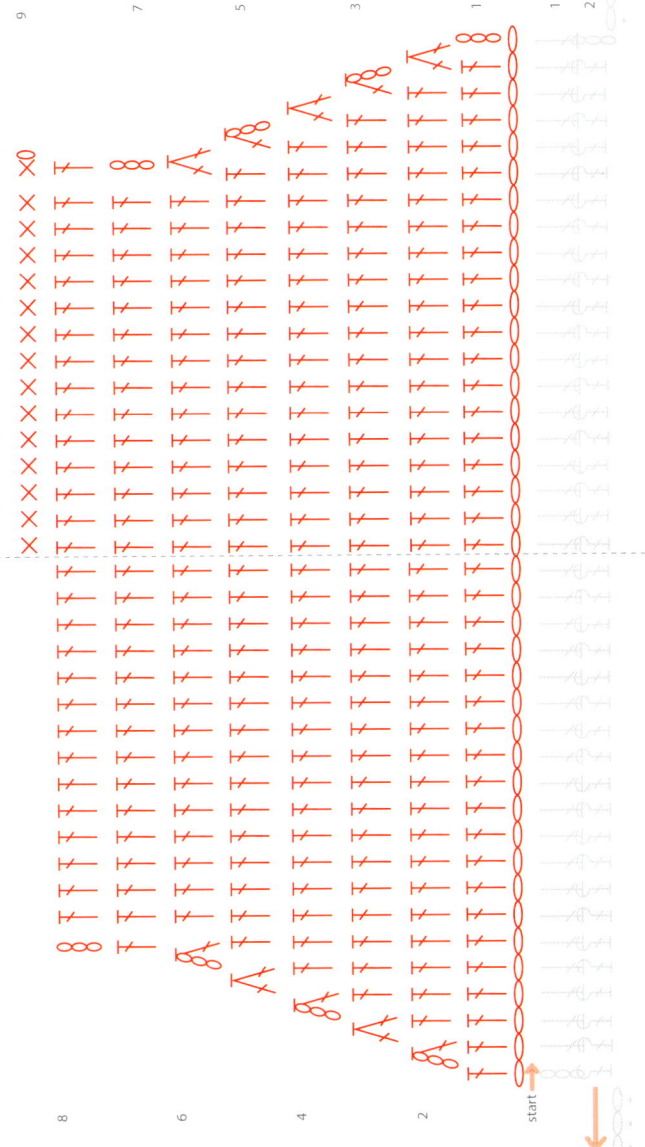

How to make
요정 모자

사슬뜨기로 시작하는 기초코

1. 사슬뜨기를 40번 한다.

1단

2. 한길긴뜨기 기둥코 사슬뜨기를 3번 한다.
3. 바늘에 실을 걸고 다섯 번째 사슬 반코를 확인한다.
4. 바늘에 실을 걸고 사슬 반코에 한길긴뜨기를 뜬다.
5. 1코마다 1번씩 한길긴뜨기를 38번 더 뜬다(40코).

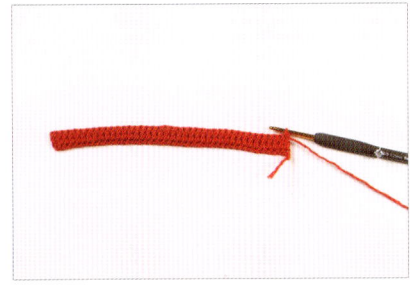

2단

1 한길긴뜨기 기둥코를(사슬뜨기 3번) 뜬다.

⚐ 한길긴2코모아뜨기

2 한길긴뜨기 미완성코를 뜬다.

3 바늘에 실을 걸어 화살표 방향으로 한번에 빼낸다.

4 한길긴2코모아뜨기 완성!

5 한길긴뜨기를 36코 뜬다.

6 한길긴2코모아뜨기를 뜨기 위해 한길긴뜨기 미완성코를 1번 뜬다.

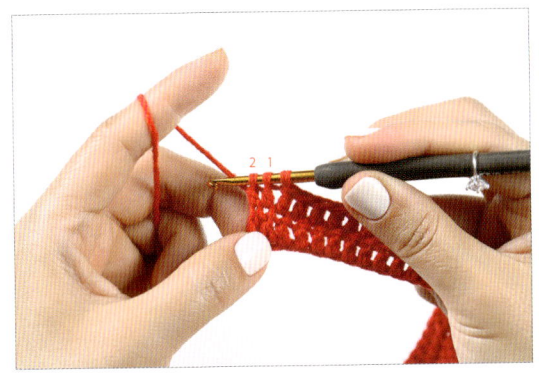

7 한길긴뜨기 미완성코를 1번 더 뜬다.

8 한길긴2코모아뜨기를 뜬다(38코).

3~8단

9 도안과 같이 한길긴뜨기와 한길긴2코모아뜨기로 뜬다(30코).

9단

10 반으로 접어 짧은뜨기를 뜬 뒤 실을 자른다(15코).

하얀 부분

1 흰색 실로 한길긴뜨기를 1단 뜬다(40코).

2 사슬뜨기를 3번(한길긴뜨기 기둥코) 뜬다.

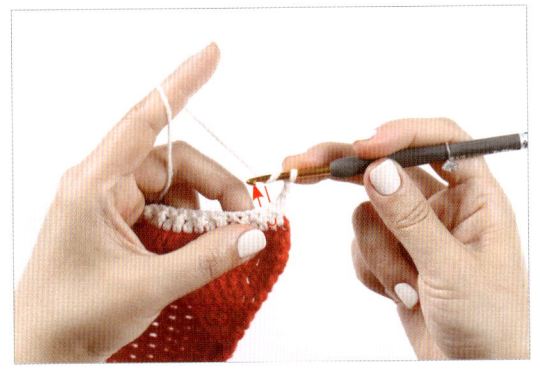

3 바늘에 실을 걸고 앞단의 다리에 화살표 방향으로 바늘을 넣는다.

4 한길긴 뒤걸어뜨기를 뜬다.

5 바늘에 실을 걸고 앞단의 다리에 화살표 방향으로 바늘을 넣는다.

6 한길긴 앞걸어뜨기를 뜬다.

7 3~6을 반복해 뜬다.

8 요정 모자 완성!
(필요에 따라 사슬뜨기 21번, 빼뜨기 20번 떠서 끈을 만든다)

우리 결혼했어요　　　0세 스위트 베이비　　스위트 꿀벌, 마카롱, 아이스크림, 캔디
2세 해변으로 가요　　4세 숲 탐험　　　　6세 Stay at home

Part 6

마이크로 크로셰 내 손의 인형

우리 결혼했어요

생년월일 2015년 4월 26일 micro 키 10.5cm 몸무게 10.5g

준비물

실, 코바늘, 가위,
돗바늘, 솜, 겸자

standard	면사 2mm
	모사용 코바늘 4.5호(2.75mm)
micro	면사 20수(1mm)
	레이스 코바늘 4호(1.25mm)

사용 기법

사슬뜨기
빼뜨기
짧은뜨기
한길긴뜨기

실 색깔

● 갈색
○ 흰색
● 검정
● 연살구

완성 크기

| standard | 키 21cm
몸무게 60g |
| micro | 키 10.5cm
몸무게 10.5g |

몸통

15cm 남기고 자른다.

×2

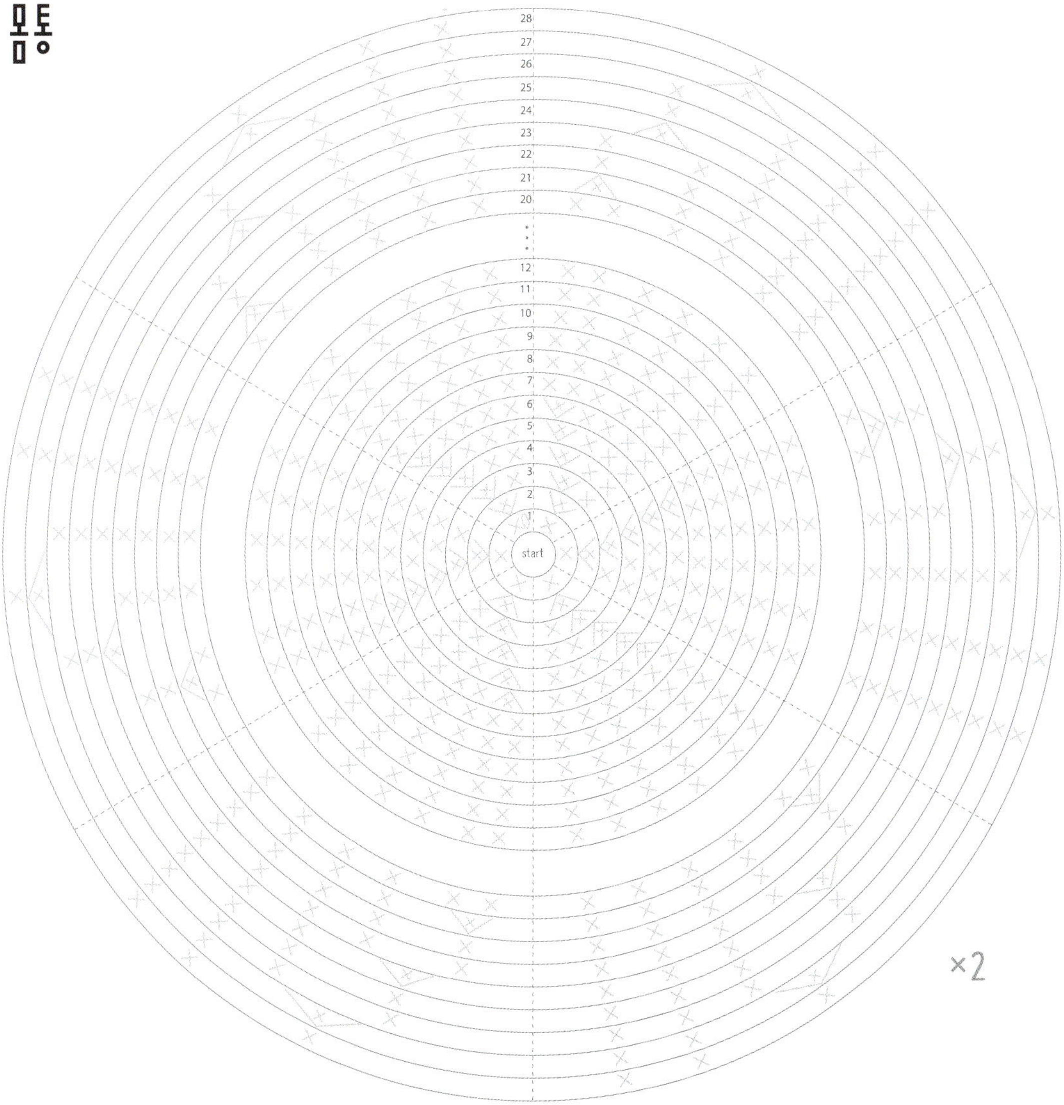

How to make
남자와 여자

조립하기

1. 머리와 몸통을 한 코마다 한 번씩 연결한다(73쪽 참고).
2. 팔은 몸통의 마지막 단에 좌우대칭으로 달아준다(74쪽 참고).
3. 다리는 몸통의 6단에 5코를 연결하고 2코 띄운 뒤 한번 더 연결한다.

   Point 균형이 잘 맞을 때까지 조립을 여러 번 시도해주세요.

여자 머리(공통)

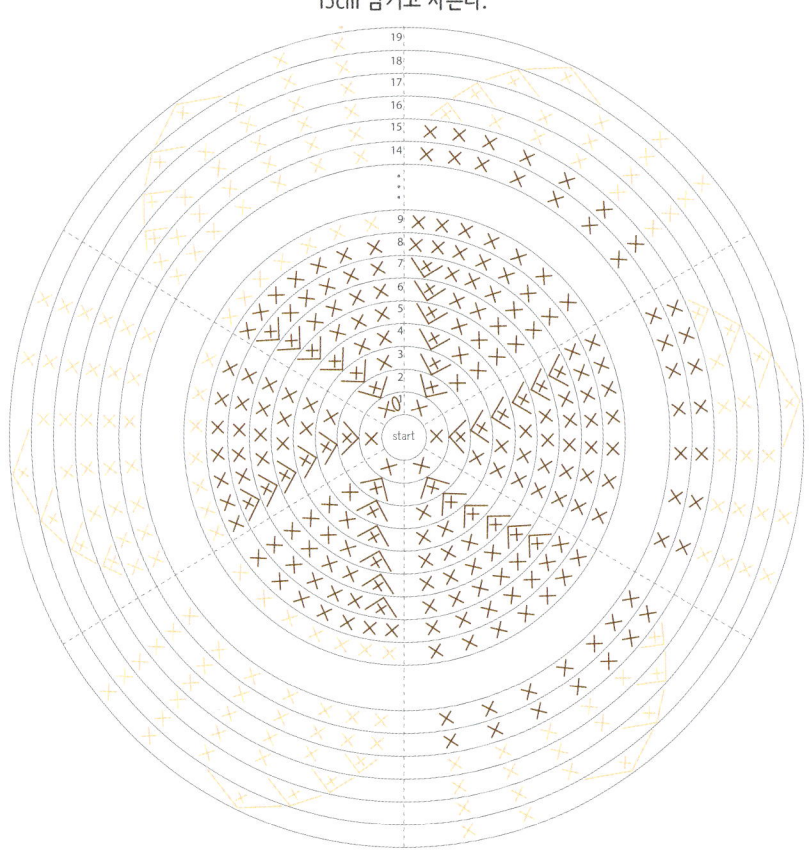

15cm 남기고 자른다.

여자

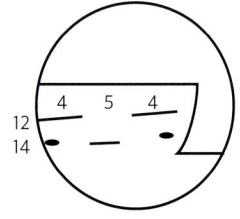

1. 눈은 갈색 실로 12단에 4코를 수놓고 눈과 눈 사이를 5코 띄운 다음 4코를 수놓는다.
2. 입술은 14단의 중앙에 두 땀 수놓아준다.
3. 핑크색 실로 14단에 좌우대칭으로 두 땀씩 볼터치 한다.

15cm 남기고 자른다.

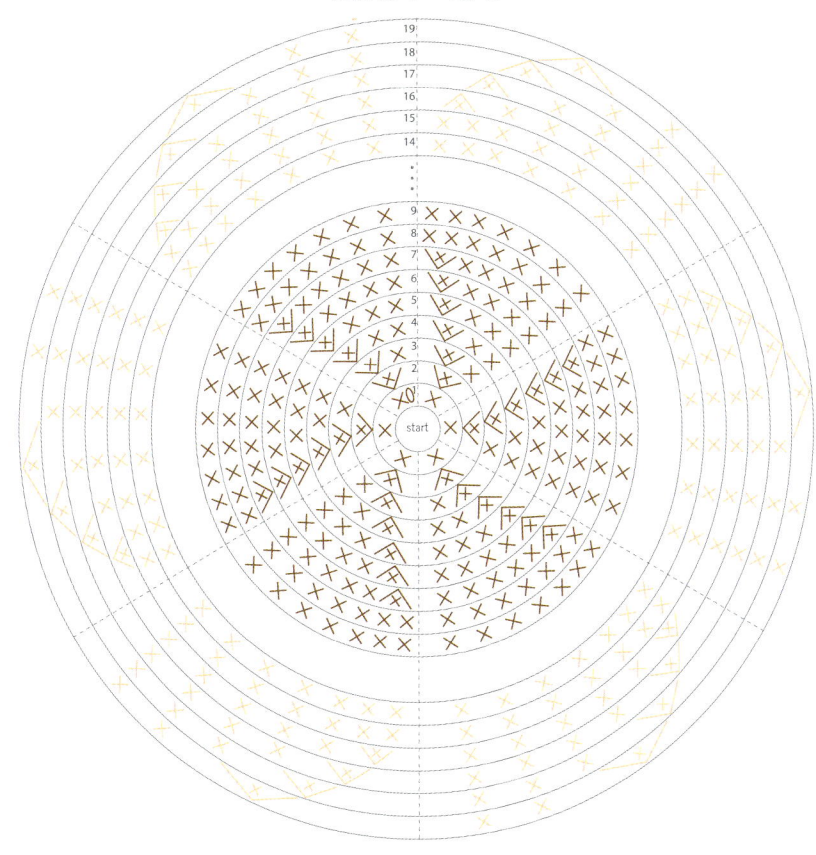

남자

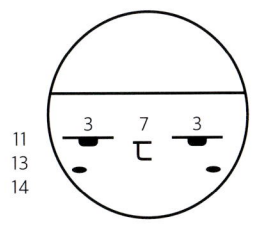

1. 눈은 갈색 실로 11단에 3코 수놓고, 눈과 눈 사이를 7코 띄운 다음 3코를 수놓는다. 이어 눈동자를 눈의 가운데에 한 땀씩 수놓아준다.

2. 코는 13단에 ㄷ 모양으로 수놓는다.

3. 핑크색 실로 14단에 좌우대칭으로 두 땀씩 볼터치 한다.

15cm 남기고 자른다.

팔   남자×2

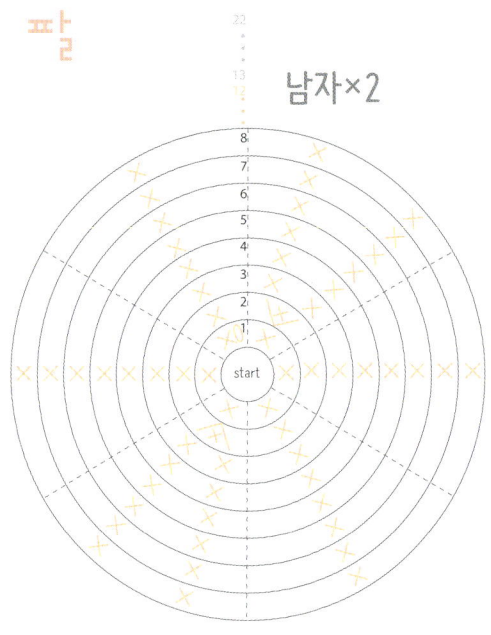

15cm 남기고 자른다.

다리

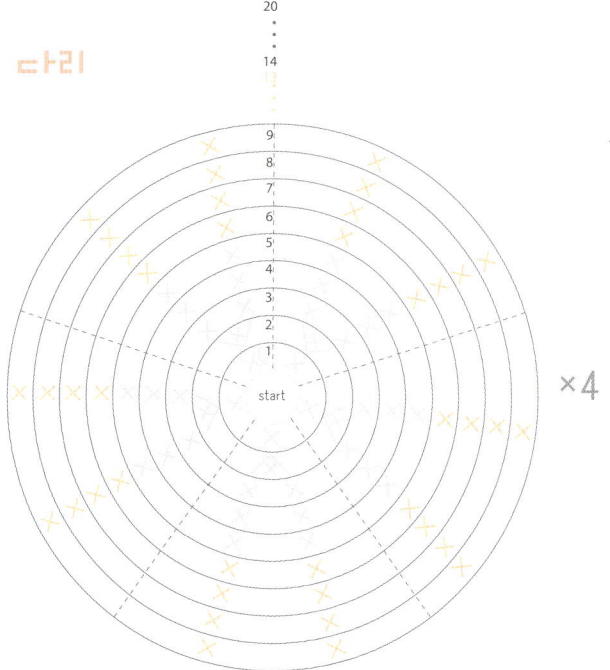

×4

팔

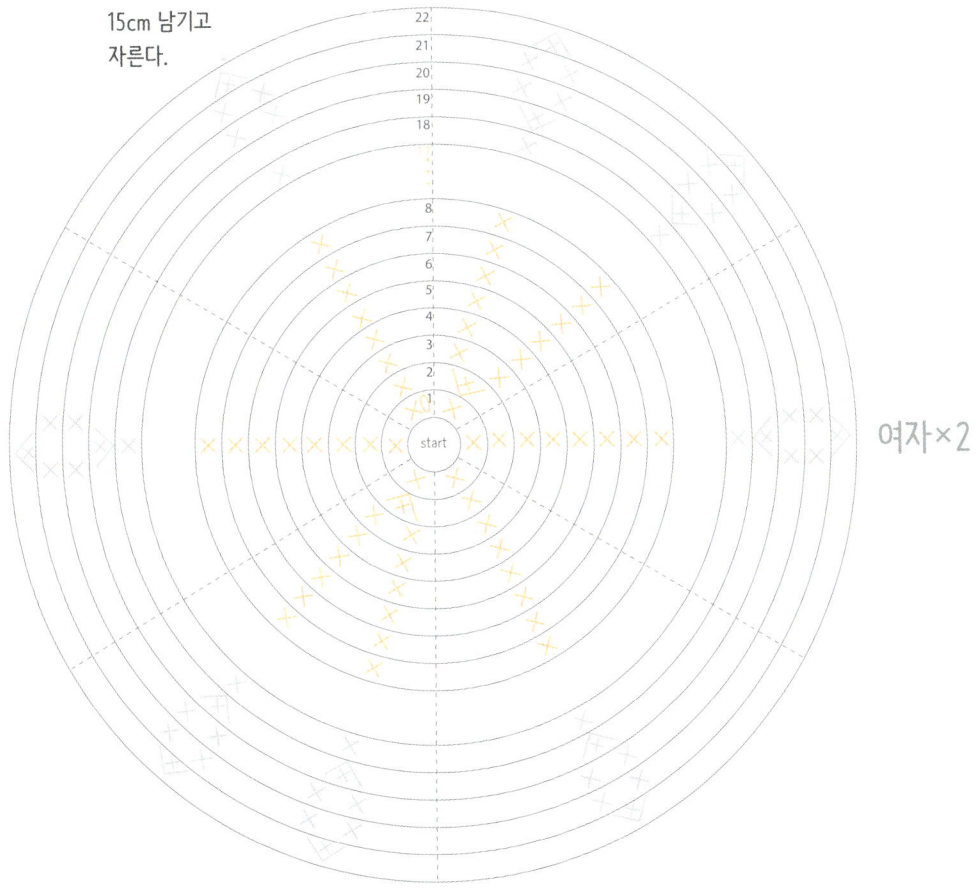

15cm 남기고 자른다.

여자×2

How to make 턱시도

1 검은색 실로 1~6단까지 짧은뜨기로 뜬다(36코).

2 짧은 1코, 사슬 6코, 4코 띄우고, 짧은 2코, 사슬 6코, 4코 띄우고, 짧은 21코(40코).

3 7단의 사슬코에서는 이랑뜨기를 뜬다.

4 9~14단은 짧은뜨기로 뜬다.

턱시도 팬츠통

5 검은색 실로 7단에서 14코를 주워 짧은뜨기한다.

6 짧은뜨기로 2~8단까지 더 뜬다.

턱시도 리본

1 실 끝을 20cm 남기고 원형코를 잡는다.

2 첫 번째 리본 : 사슬뜨기 3번, 한길긴뜨기 1번, 사슬뜨기 3번, 빼뜨기

3 두 번째 리본 : 사슬뜨기 3번, 한길긴뜨기 1번, 사슬뜨기 3번, 빼뜨기

4 원형코를 조인 뒤 실 끝을 20cm 남기고 자른다.

턱시도 리본

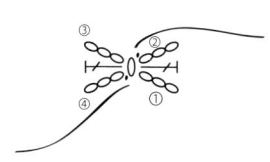

구두

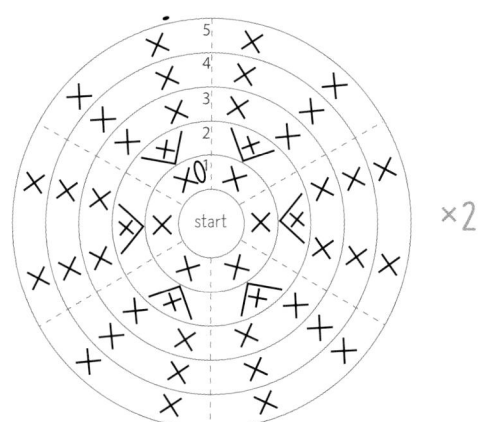

15cm 남기고 자른다.

턱시도 바지

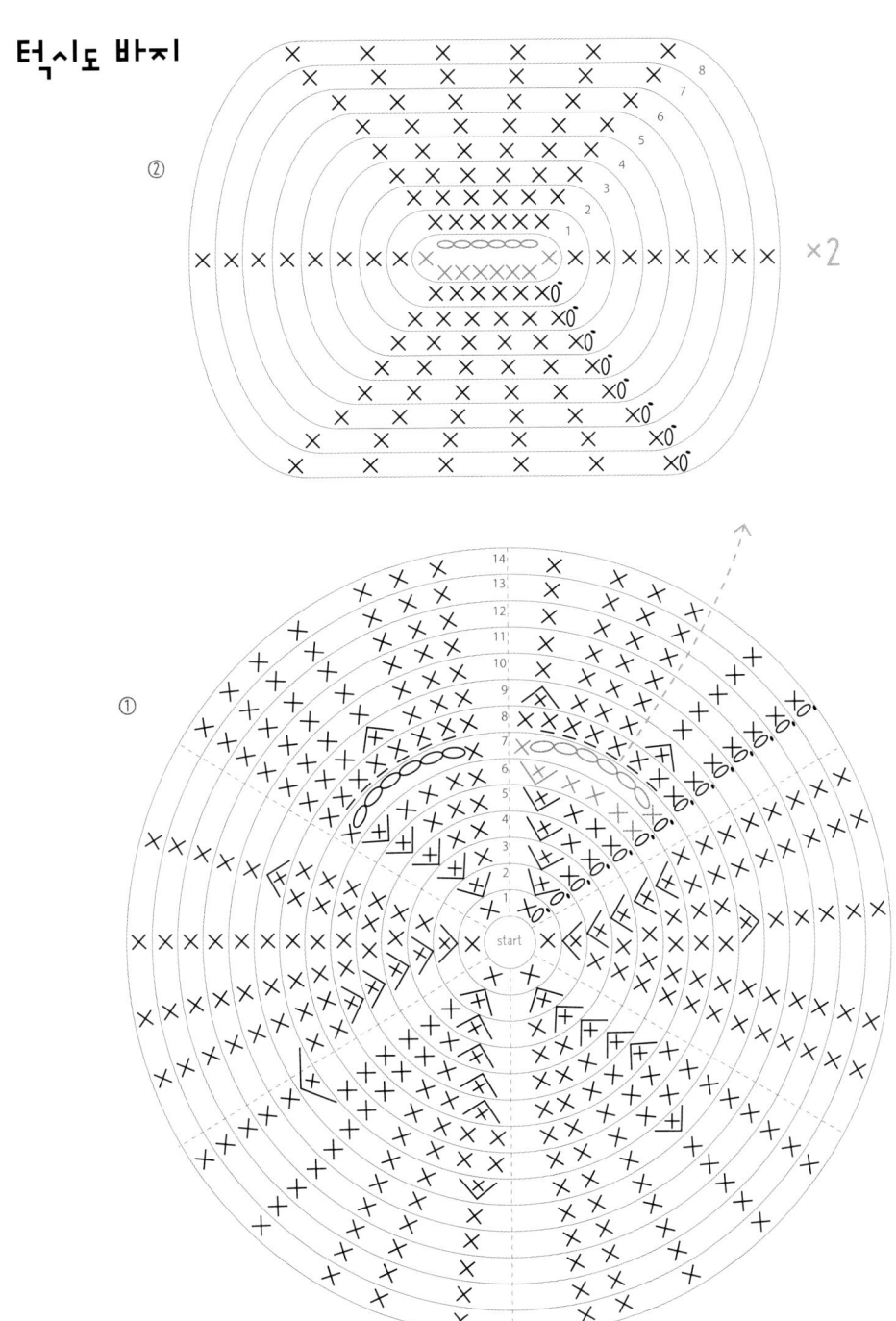

웨딩드레스

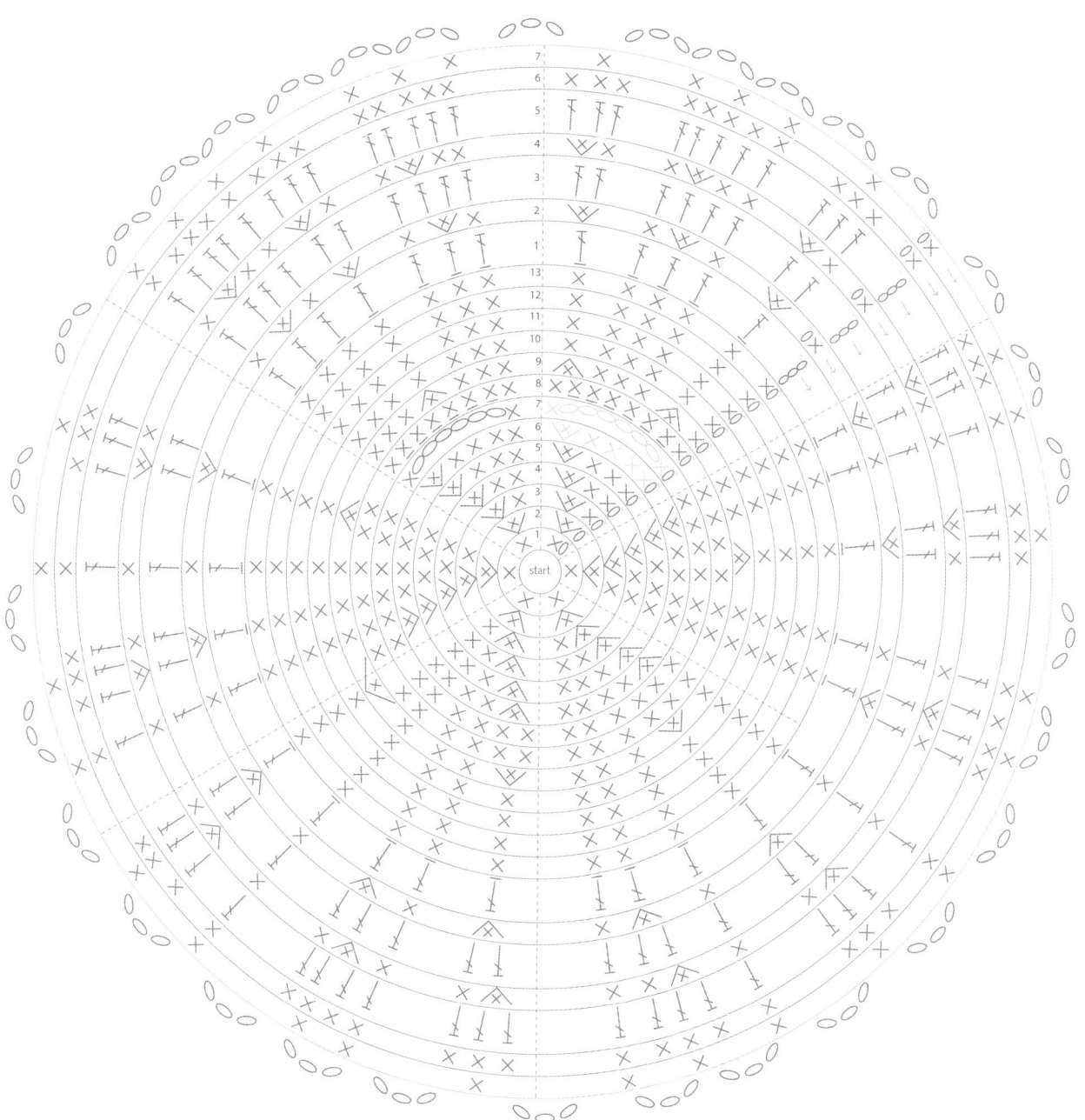

웨딩 헤어 장식

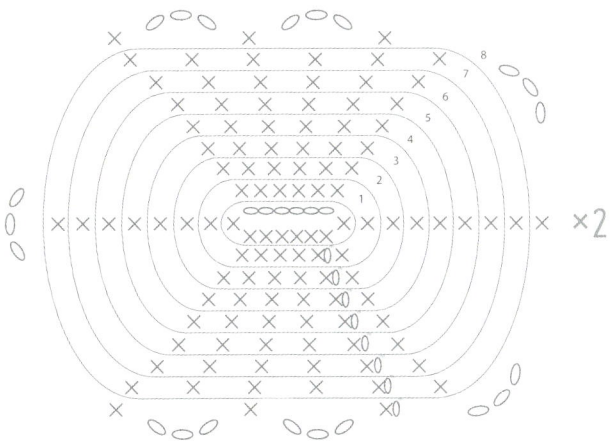

How to make 웨딩드레스

1. 흰색 실로 1~6단까지 짧은뜨기한다(36코).
2. 짧은 1코, 사슬 6코, 4코 띄우고, 짧은 2코, 4코 띄우고, 사슬 6코, 짧은 21코(40코).
3. 7단의 사슬코에서는 이랑뜨기를 뜬다.
4. 9~13단은 짧은뜨기한다.

스커트

5. 방향을 바꾸어 한길긴이랑뜨기를 1단 뜬다.
6. 짧은뜨기로 코를 늘린 뒤 다음 단은 한길긴뜨기로 뜬다(2-3단).
7. 6을 한 번 더 반복한다(4-5단).
8. 짧은뜨기와 사슬뜨기를 반복해 레이스를 뜬다.
9. 스커트통 7단에서 14코를 주워 도안과 같이 뜬다.

오세 스위트 베이비

생년월일 2020.01.01 micro 키 5.5cm 몸무게 5g

준비물

실, 코바늘, 가위,
돗바늘, 솜, 겸자

standard	면사 2mm
	모사용 코바늘 4.5호(2.75mm)
micro	면사 20수(1mm)
	레이스 코바늘 4호(1.25mm)

사용 기법

사슬뜨기
짧은뜨기
빼뜨기

실 색깔

● 갈색
○ 흰색
● 연살구

완성 크기

standard	키 13cm 몸무게 20g
micro	키 5.5cm 몸무게 5g

아기 머리

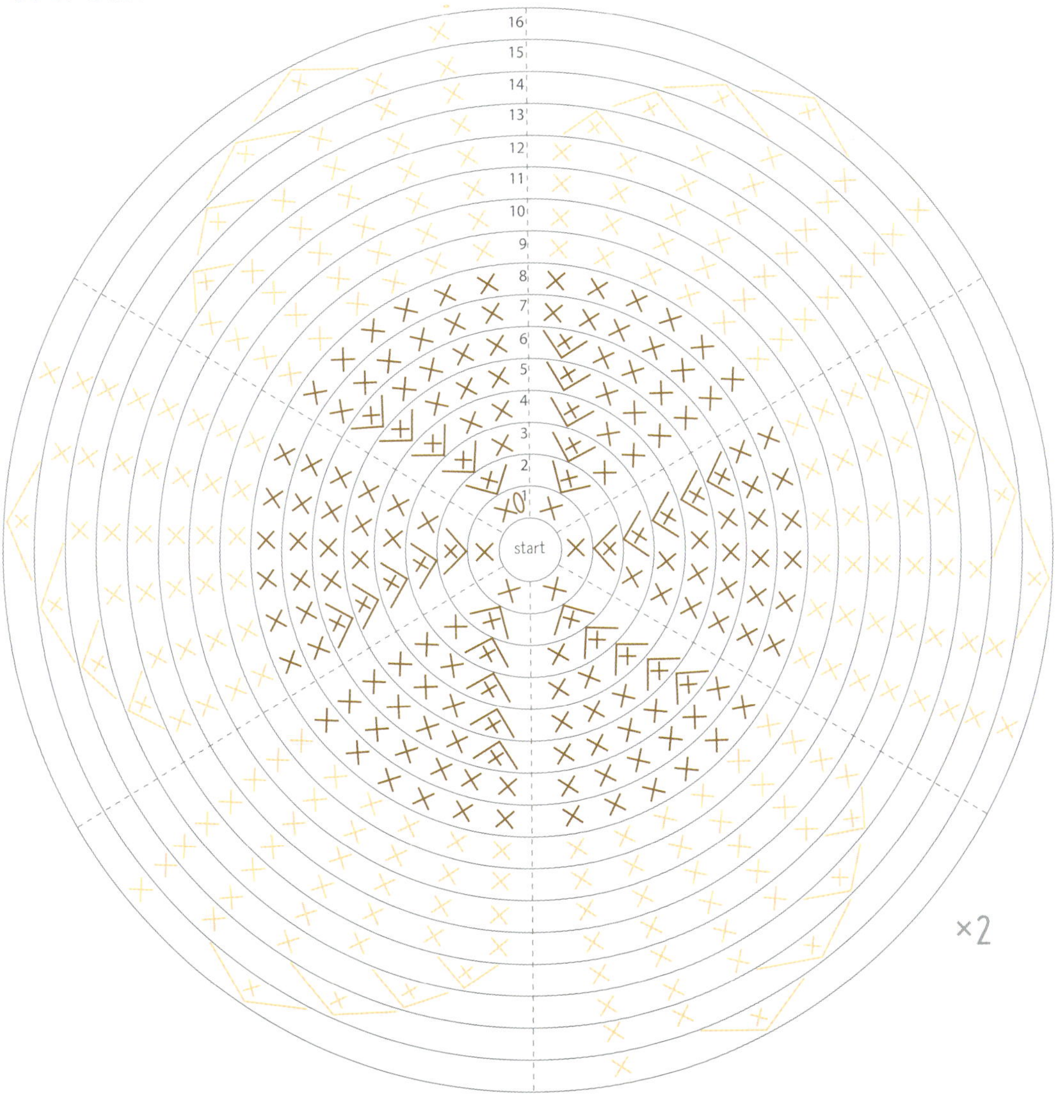

15cm 남기고 자른다.

×2

173

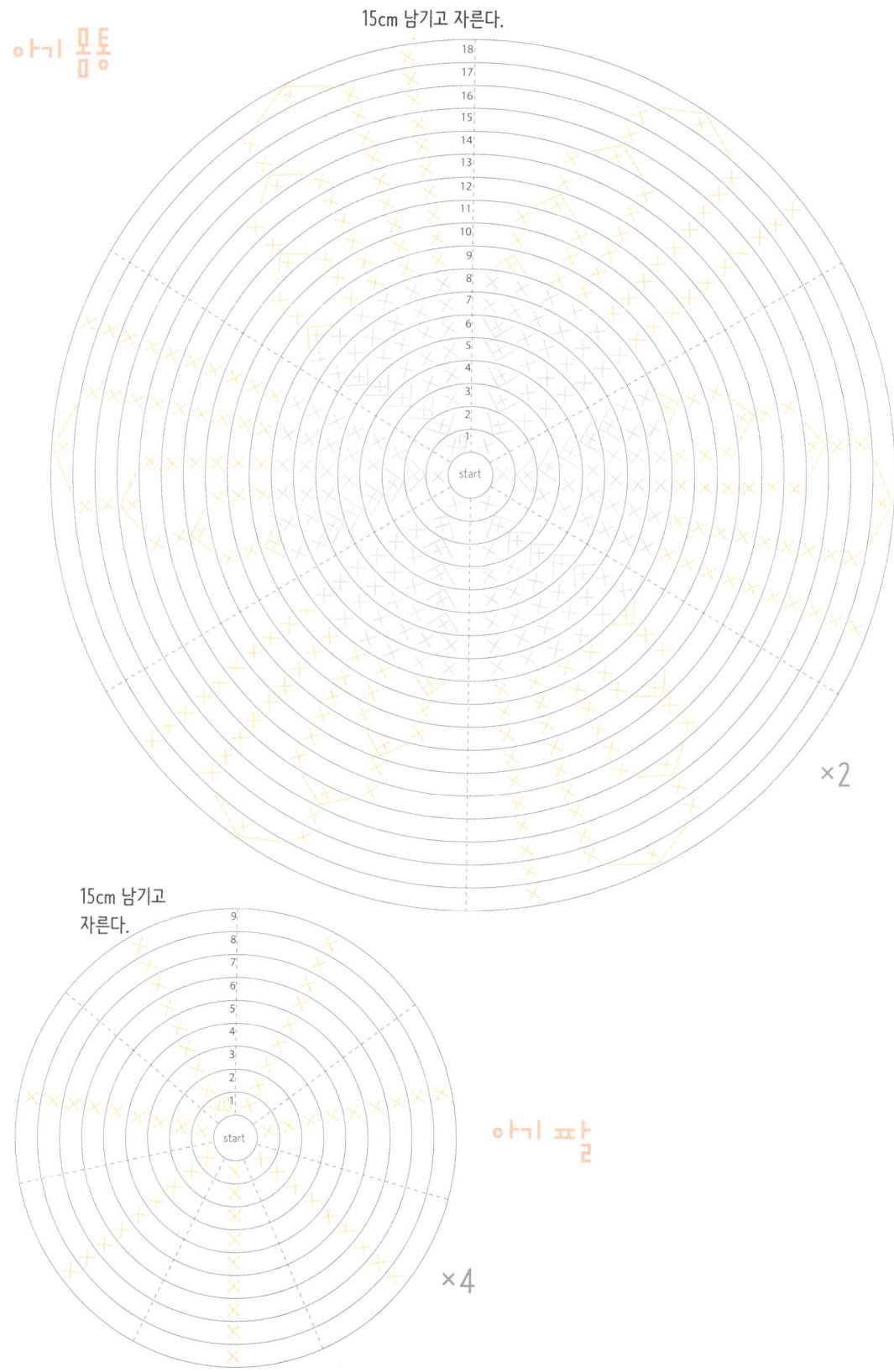

아기 다리

15cm 남기고 자른다.

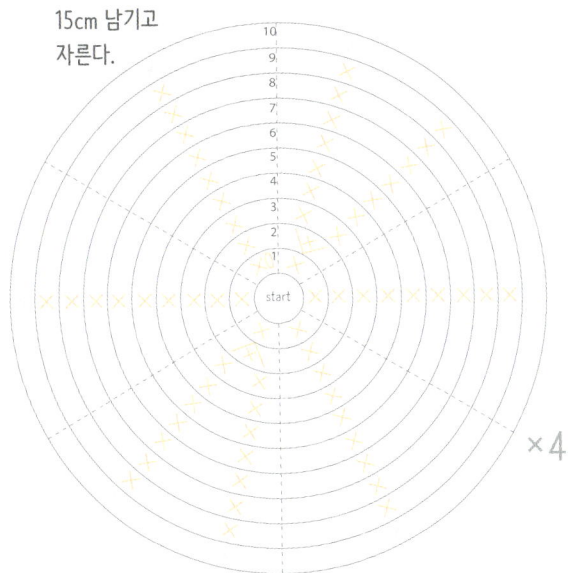

×4

How to make 스위트 베이비

조립하기

1. 머리와 몸통을 한 코마다 한 번씩 연결한다(73쪽 참고).
2. 팔은 몸통의 마지막 단에 좌우대칭으로 달아준다(74쪽 참고).
3. 다리는 몸통의 5단에 4코 연결하고 2코 띄운 뒤 한번 더 연결한다.

   Point 균형이 잘 맞을 때까지 조립을 여러 번 시도해주세요.

수놓기
남아

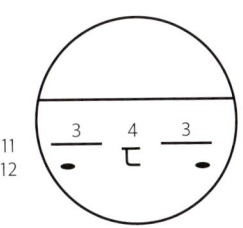

눈은 갈색 실로 11단에 3코 수놓고,
4코 띄운 뒤 3코 수놓은 다음, 코는 12단에 ㄷ으로 수놓는다.
핑크색 실로 12단에 한 땀씩 볼터치 한다.

여아

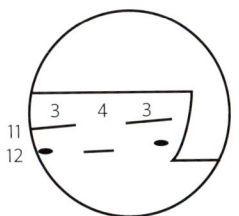

눈은 갈색 실로 11단에 3코 수놓고,
눈과 눈 사이를 4코 띄운 뒤 3코 수놓는다.
입술은 12단의 중심에 두 땀 수놓는다.
핑크색 실로 12단에 좌우 한 땀씩 볼터치 한다.

스위트 꿀벌 마카롱 아이스크림 캔디

준비물

실, 코바늘, 가위, 돗바늘, 솜, 겸자

standard	면사 2mm
	모사용 코바늘 4.5호(2.75mm)
micro	면사 20수(1mm)
	레이스 코바늘 4호(1.25mm)

사용 기법

사슬뜨기
짧은뜨기
긴뜨기
한길긴뜨기
두길긴뜨기
빼뜨기

실 색깔

꿀벌
- 노랑
- 갈색
- 흰색

마카롱
- 하늘

아이스크림
- 스트로베리
- 그린티

캔디
- 오렌지

완성 크기

꿀벌

standard	3.5×6cm
micro	1.8×3cm

마카롱

standard	3×2cm
micro	1.2×0.8cm

아이스크림

standard	3×4.5cm
micro	1.5×2cm

캔디

standard	4×2.2cm
micro	2×0.8cm

꿀벌 머리

15cm 남기고 자른다.

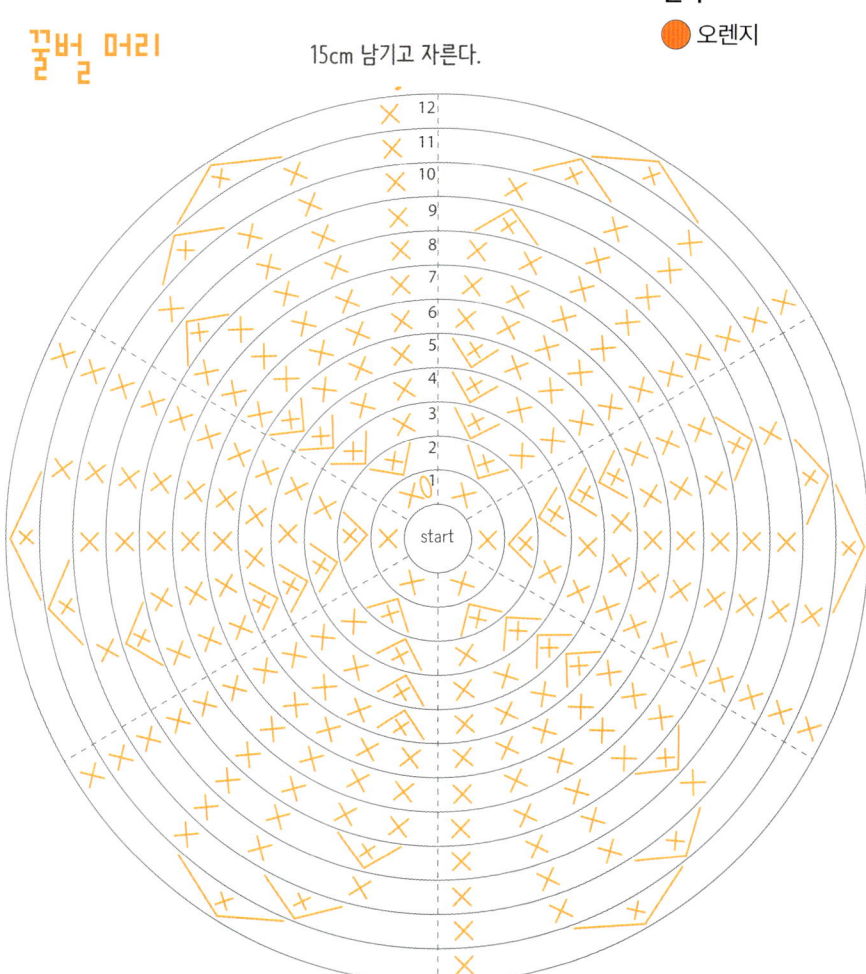

꿀벌 몸통

15cm 남기고 자른다.

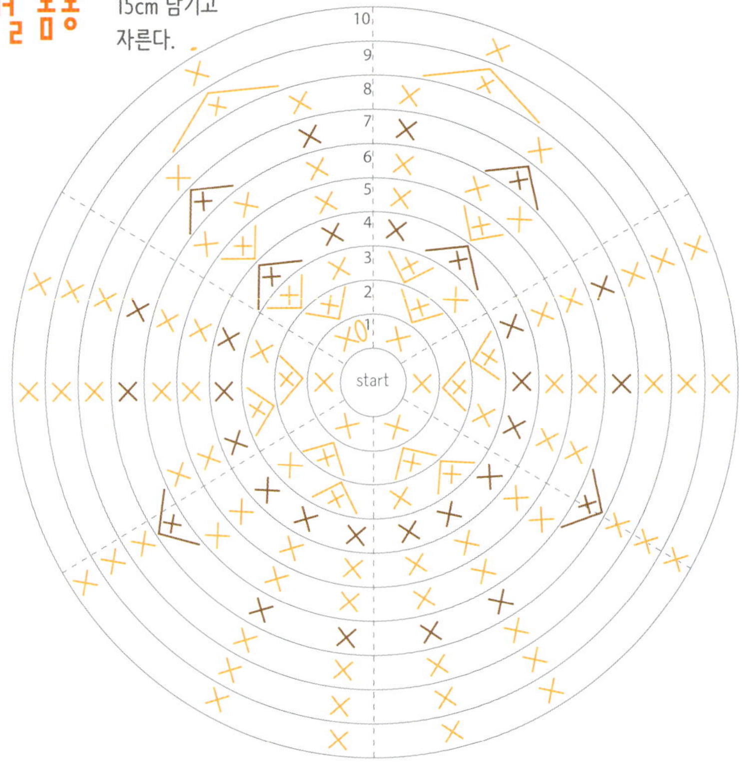

꿀벌 날개

20cm 남기고 자른다.

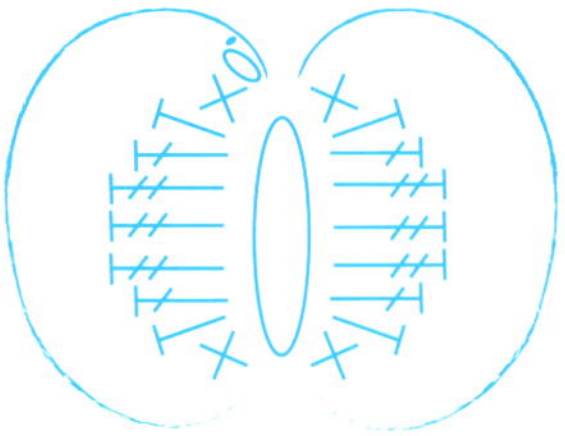

아이스크림

15cm 남기고 자른다.

15cm 남기고 자른다.

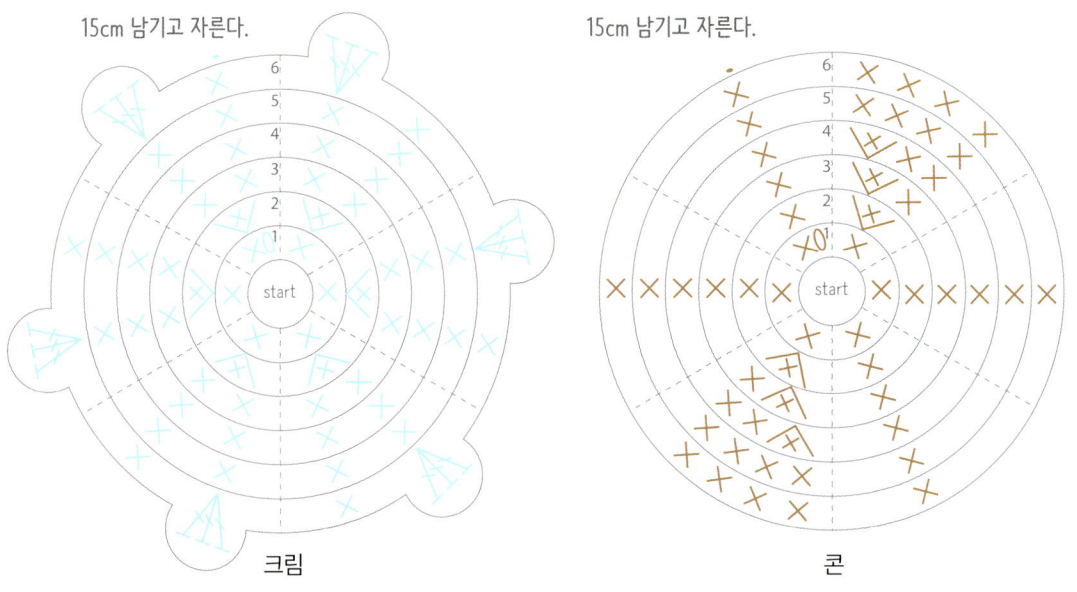

크림   콘

마카롱

15cm 남기고 자른다.

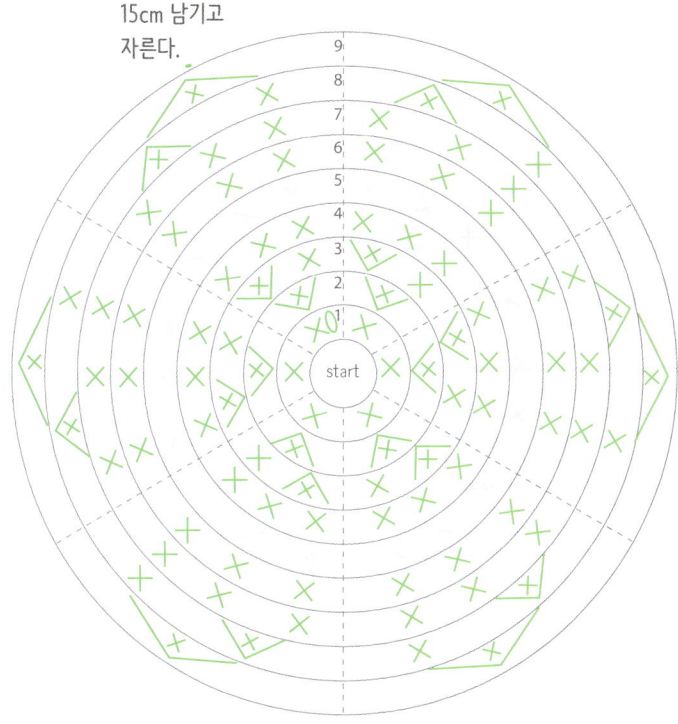

캔디

15cm 남기고 자른다.

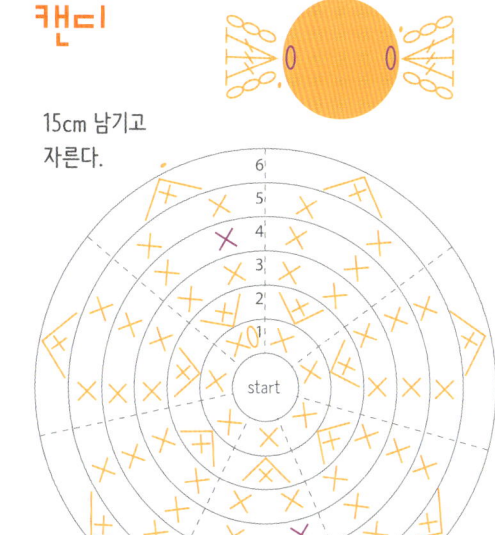

수놓기 꿀벌

1. 머리와 몸통을 한 코마다 한 번씩 연결한다(73쪽 참고).

2. 몸통의 앞뒤를 확인한다.

3. 팔은 갈색 실에 주먹 매듭을 짓고 몸통의 8단에 바늘을 넣고 6코 띄워 바늘을 빼내어 주먹 매듭을 한번 더 짓고 자른다.

4. 다리는 3과 같은 방법으로 몸통의 4단에서 7코 띄워 만들어준다.

5. 더듬이는 머리의 5단에 3과 같은 방법으로 10코 띄워 달아준다.

6. 날개를 몸통 뒤의 중심에 달아 완성한다.

7. 눈은 갈색 실로 7단에 눈과 눈 사이를 6코 띄워 수놓는다.
입술은 8~9단에 ㄴ 모양으로 수놓는다.

르세 해변으로 가요

생년월일 2015년 12월 3일 micro 키 8cm 몸무게 8g

준비물
실, 코바늘, 가위,
돗바늘, 솜, 겸자

standard	면사 2mm
	모사용 코바늘 4.5호(2.75mm)
micro	면사 20수(1mm)
	레이스 코바늘 4호(1.25mm)

사용 기법
사슬뜨기
짧은뜨기
두길긴뜨기
한길긴3코구슬뜨기
빼뜨기

실 색깔
● 갈색
○ 흰색
● 노랑
● 빨강
● 파랑
● 연살구
● 꽃색

완성 크기

standard	키 17cm 몸무게 50g
micro	키 8cm 몸무게 8g

몸통

15cm 남기고 자른다.

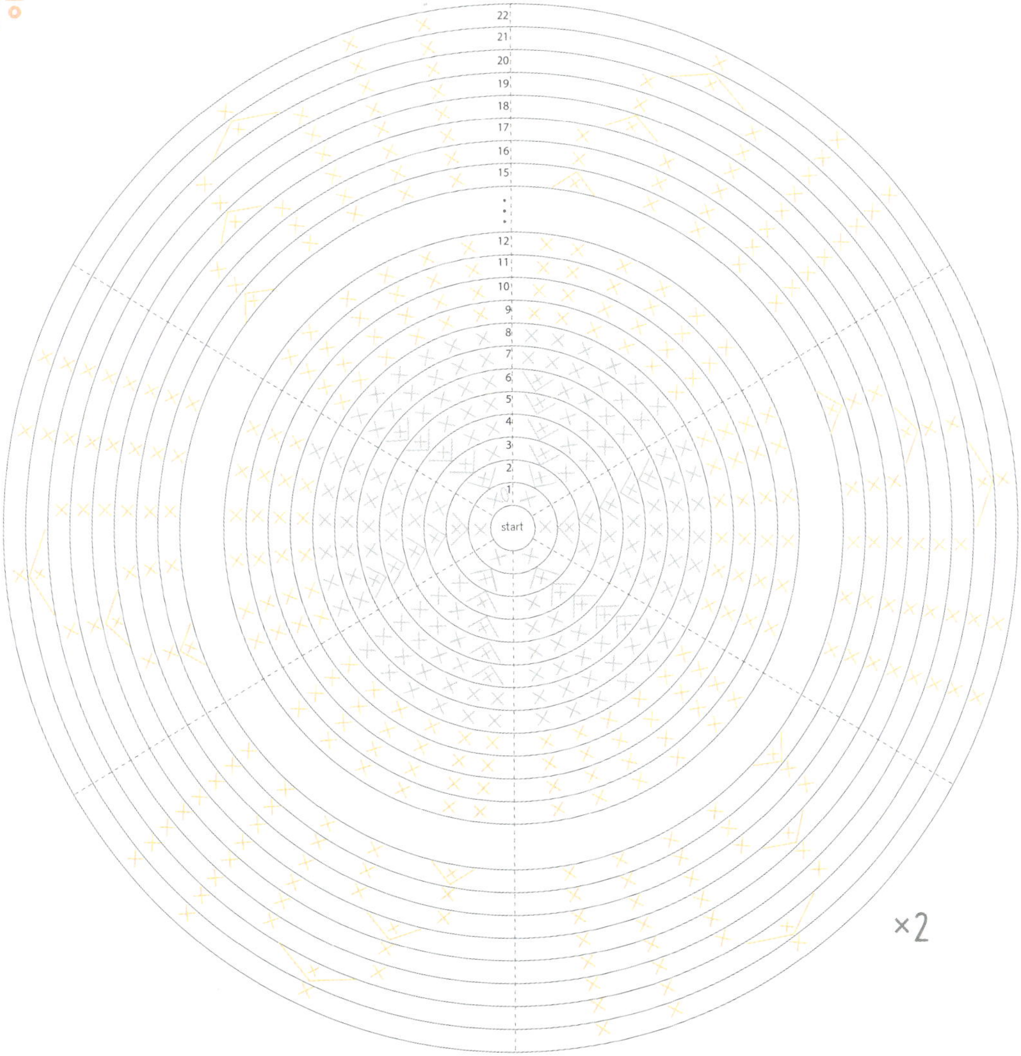

×2

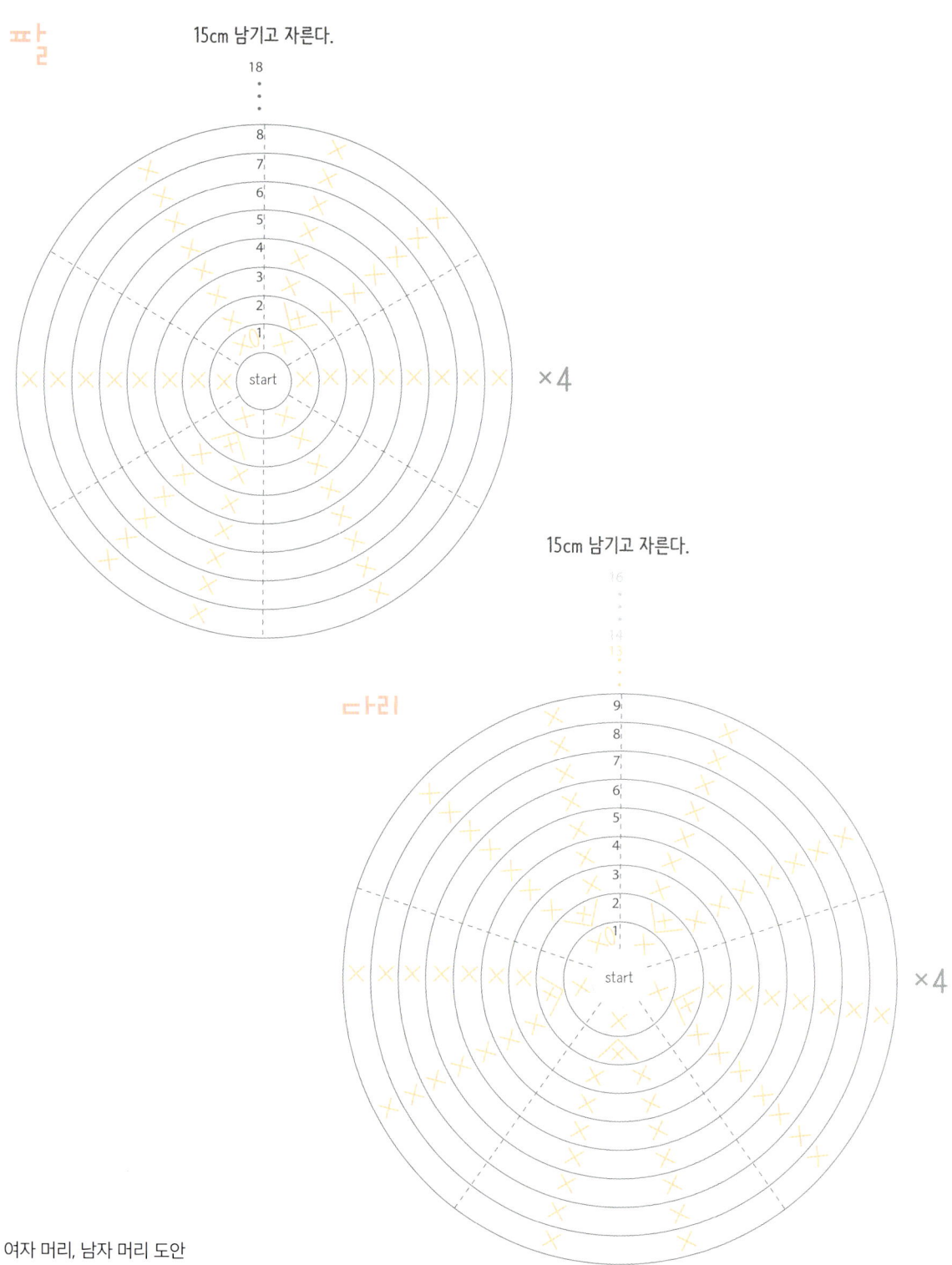

여자 머리, 남자 머리 도안
조립하기와 수놓기는 164, 165쪽 참고

수영 모자

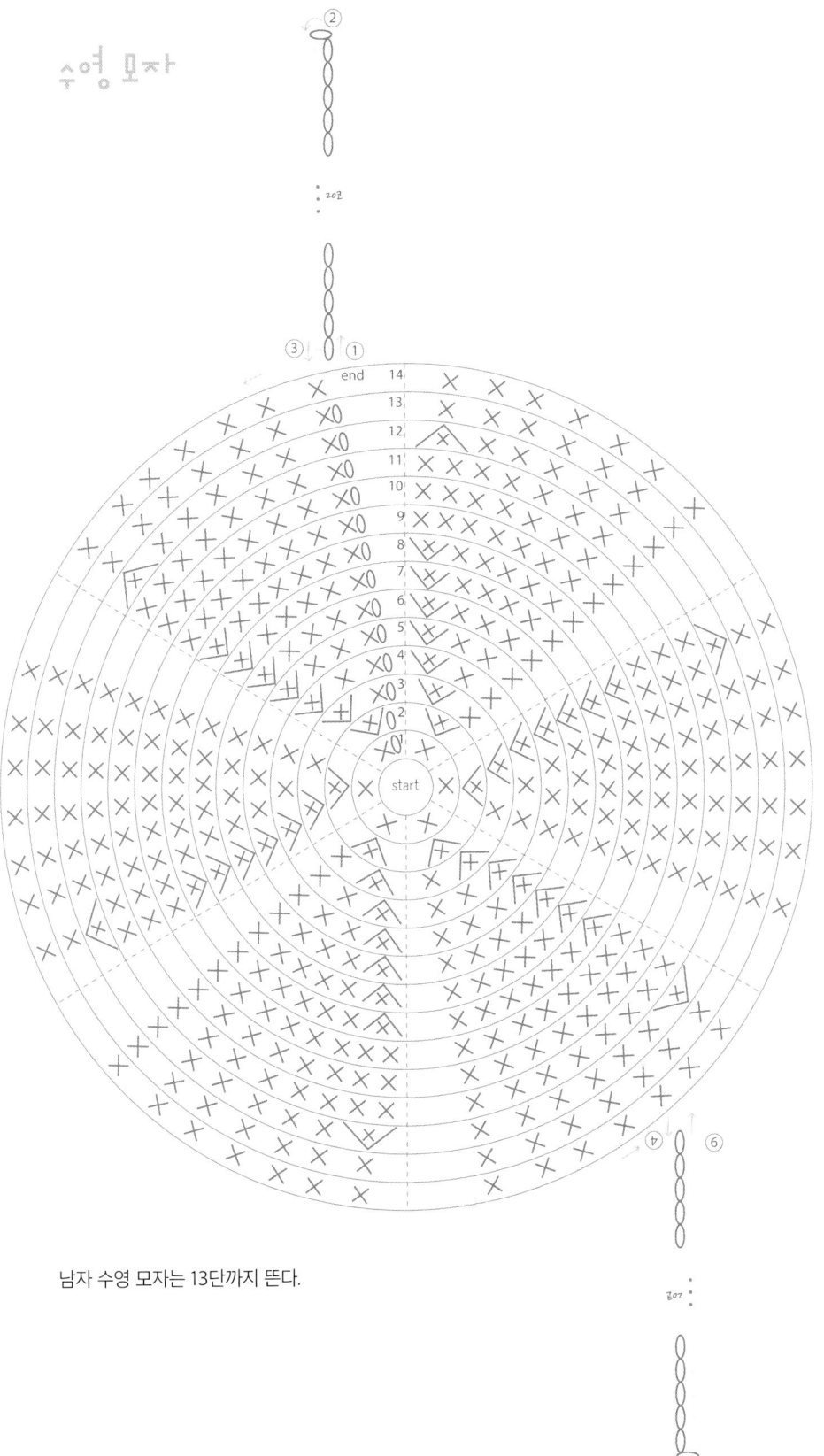

남자 수영 모자는 13단까지 뜬다.

How to make 수영 모자

1 1~13단까지 짧은뜨기로 뜬다(42코).

2 사슬뜨기를 21코 뜬 다음 빼뜨기를 20번 떠서 오른쪽 끈을 뜬다.

3 이어서 짧은뜨기를 26코 뜬다.

4 왼쪽 끈을 뜨기 위해 사슬뜨기 21코 뜬 뒤 빼뜨기를 20번 뜬다.

5 짧은뜨기 16코 뜬 뒤 마무리한다.

6 꽃을 10개 뜬 뒤 한 송이씩 감침질로 연결한다.

꽃

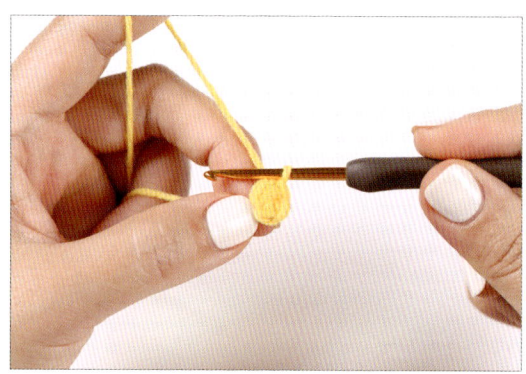

1 노란색 실로 짧은뜨기를 5코 뜬다.

2 보라색 실로 사슬뜨기를 2번 한다. 이 위치에 구슬뜨기한다.

한길긴3코구슬뜨기

3 한길긴뜨기 미완성코를 1번 뜬다.

4 한길긴뜨기 미완성코를 한 번 더 뜬다.

5 다시 한 번 더 한길긴뜨기 미완성코를 뜬다.

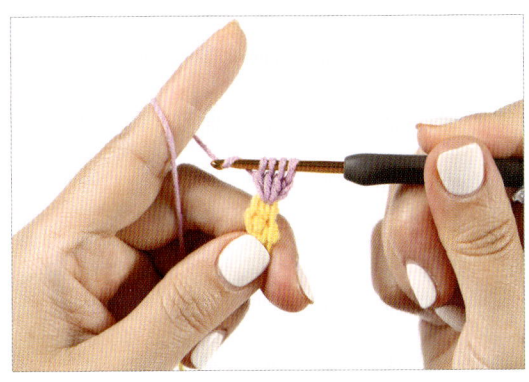

6 바늘에 실을 걸어 한번에 빼낸다.

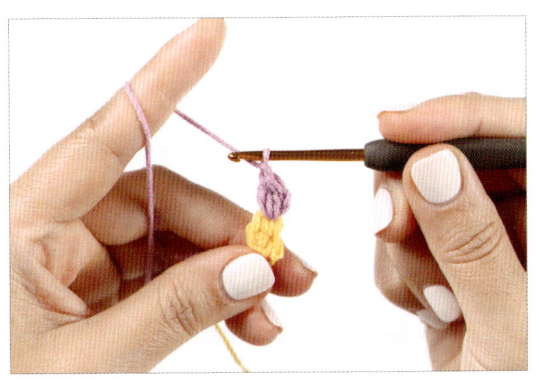

7 바늘에 실을 걸어 한 번 더 빼낸다. 구슬뜨기 완성!

8 사슬뜨기를 2번 한다.

9 2의 위치에 빼뜨기해 꽃잎을 하나 완성한다.

10 2~9를 4번 반복하여 꽃잎을 다섯 개 떠서 꽃송이 완성!

수영 팬츠

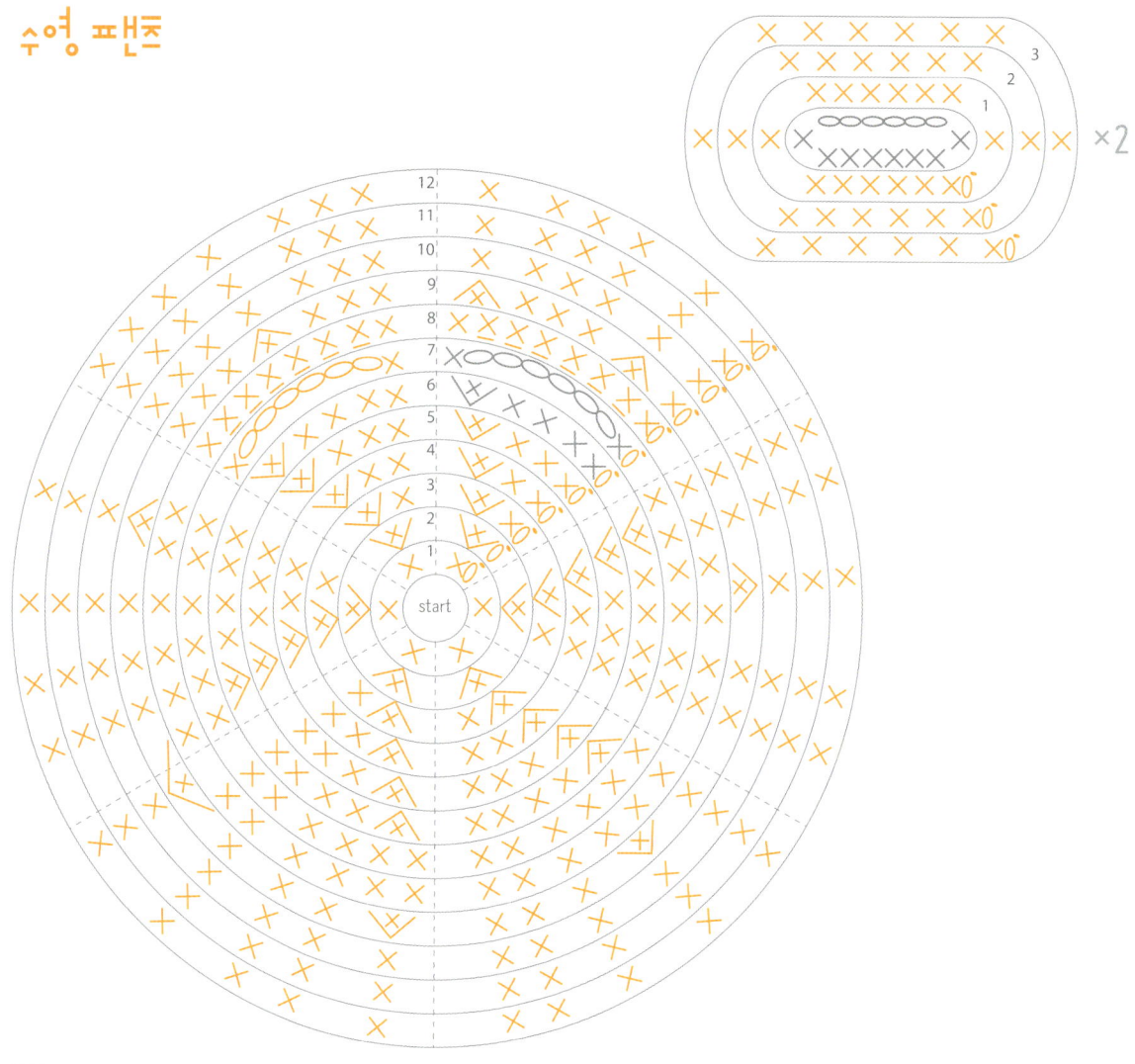

How to make 수영 팬츠

기둥코를 세우고 빼뜨기해가며 한 단씩 뜬다.

1. 1~6단까지 짧은뜨기로 뜬다(36코).

2. 짧은 1코, 사슬 6코, 4코 띄우고, 짧은 2코, 사슬 6코, 4코 띄우고, 짧은 25코(40코).

3. 7단의 사슬코에서는 뒤이랑뜨기를 뜬다.

4. 짧은뜨기를 4단 더 뜬다(12단).

수영 팬츠 통

5. 7단에서 14코를 주워 짧은뜨기한다.

6. 짧은뜨기를 두 단 더 뜬다(2단).

캉캉 스커트

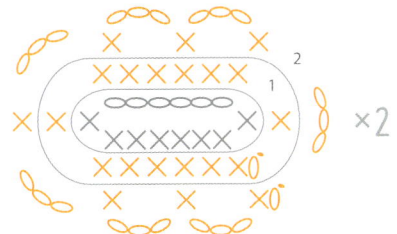

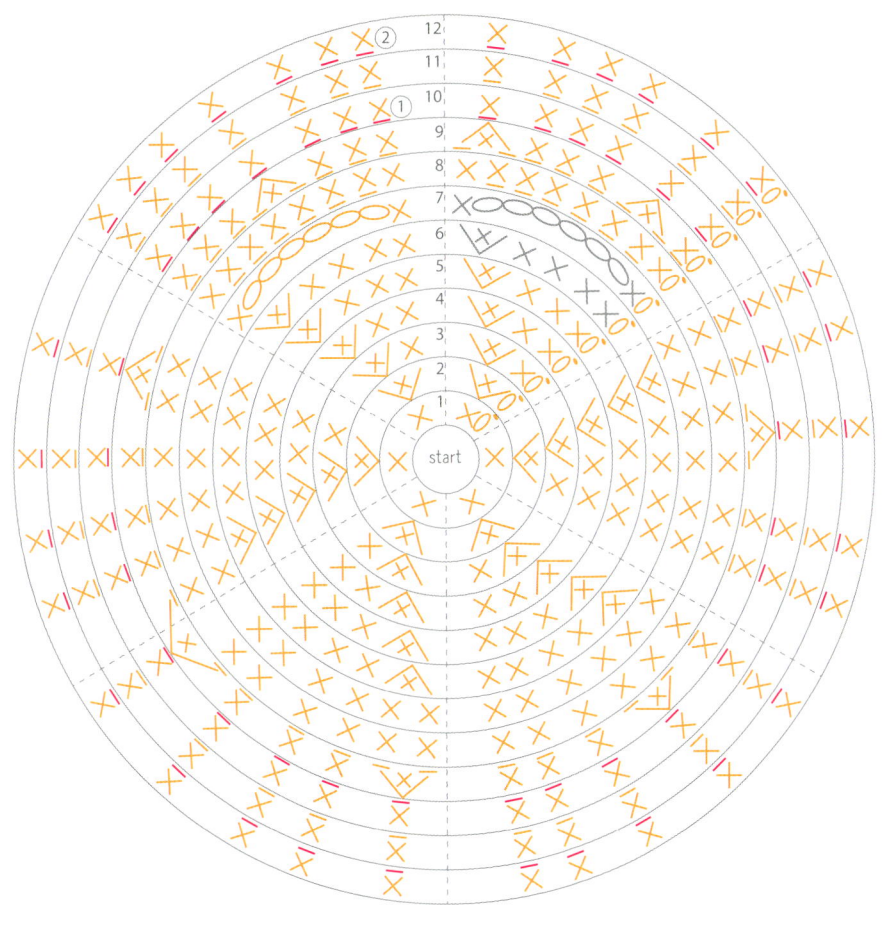

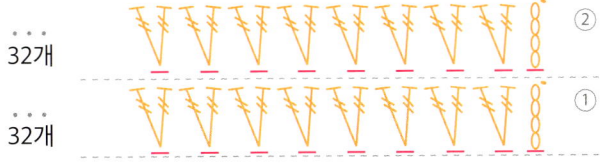

How to make 캉캉 스커트

1~6단

짧은뜨기로 뜬다(36코).

7단

1 짧은 1코, 사슬 6코, 4코 띄우고, 짧은 2코, 사슬 6코, 4코 띄우고, 짧은 1코하여 다리 통을 만든다.
2 이어서 짧은뜨기를 24번 뜬다(40코).

8단

3 짧은뜨기를 1번 뜬 뒤 사슬코에 짧은**이랑뜨기** 6번 뜬 다음 짧은뜨기를 2번 뜬다.

4 이어 사슬코에 짧은**이랑뜨기**를 6번 뜨고 짧은뜨기를 1번 뜬다.

5 짧은뜨기를 24번 뜬다.

9~12단

도안처럼 짧은**이랑뜨기**를 4단 더 뜬다(32코).

캉캉 스커트 통

1 4코를 주울 위치를 확인한다.

2 짧은뜨기를 4코 뜬다.

3 위치를 확인하고 짧은뜨기를 2코 뜬다.

4 6코 주울 위치를 확인하고 짧은뜨기를 6코 뜬다.

5 위치를 확인하고 짧은뜨기를 2코 뜬다.

14코 뜬 모습

6 짧은뜨기를 한 단 더 뜬다.

7 사슬뜨기와 짧은뜨기를 반복하여 레이스를 장식하며 뜬다.

캉캉 스커트 프릴

1 아래에서 위로 바늘을 넣어 9단에 새 실을 걸어온다.

2 두길긴2코넣어뜨기로 뜬다.

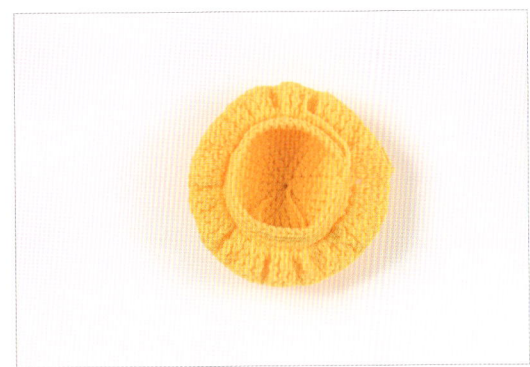

3 11단에 새 실을 걸어 프릴을 한 단 더 뜬다.

4 캉캉 스커트 완성(64코)!

비키니 탑

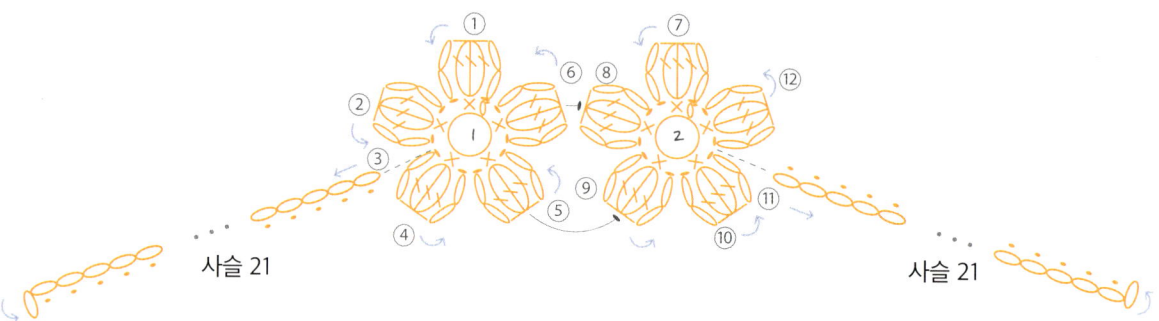

How to make 비키니 탑

1 꽃잎을 2개(①,②) 뜬 뒤 사슬뜨기 21번(③), 빼뜨기 20번을 한다.

2 꽃잎 3개(④,⑤,⑥)를 뜬 다음 실을 자른다.

3 꽃잎을 1개(⑦) 뜬 뒤 ⑧은 ⑥에, ⑨는 ⑤에 연결하며 뜬다.

4 ⑩꽃잎을 뜬 뒤 사슬뜨기 21번(⑪), 빼뜨기 20번을 한다.

5 마지막 꽃잎(⑫)을 떠서 완성한다.

6 겉이 안쪽으로 갈 수 있도록 뒤집어 입힌다.

튜브

How to make 튜브

1 도안과 같이 56단 뜬다.

2 솜을 넣은 뒤 튜브의 끝과 끝을 1코마다 1번씩 감침질한다.

3 튜브 완성!

니세 숲 탐험

생년월일 2015년 11월 22일 micro 키 9cm 몸무게 9g

준비물

실, 코바늘, 가위,
돗바늘, 솜, 겸자

standard	면사 2mm
	모사용 코바늘 4.5호(2.75mm)
micro	면사 20수(1mm)
	레이스 코바늘 4호(1.25mm)

사용 기법

사슬뜨기
짧은뜨기
긴뜨기
한길긴뜨기
빼뜨기

실 색깔

● 갈색
○ 흰색
● 노랑
● 빨강
● 검정
● 연살구

완성 크기

| standard | 키 18cm 몸무게 53g |
| micro | 키 9cm 몸무게 9g |

몸통

15cm 남기고 자른다.

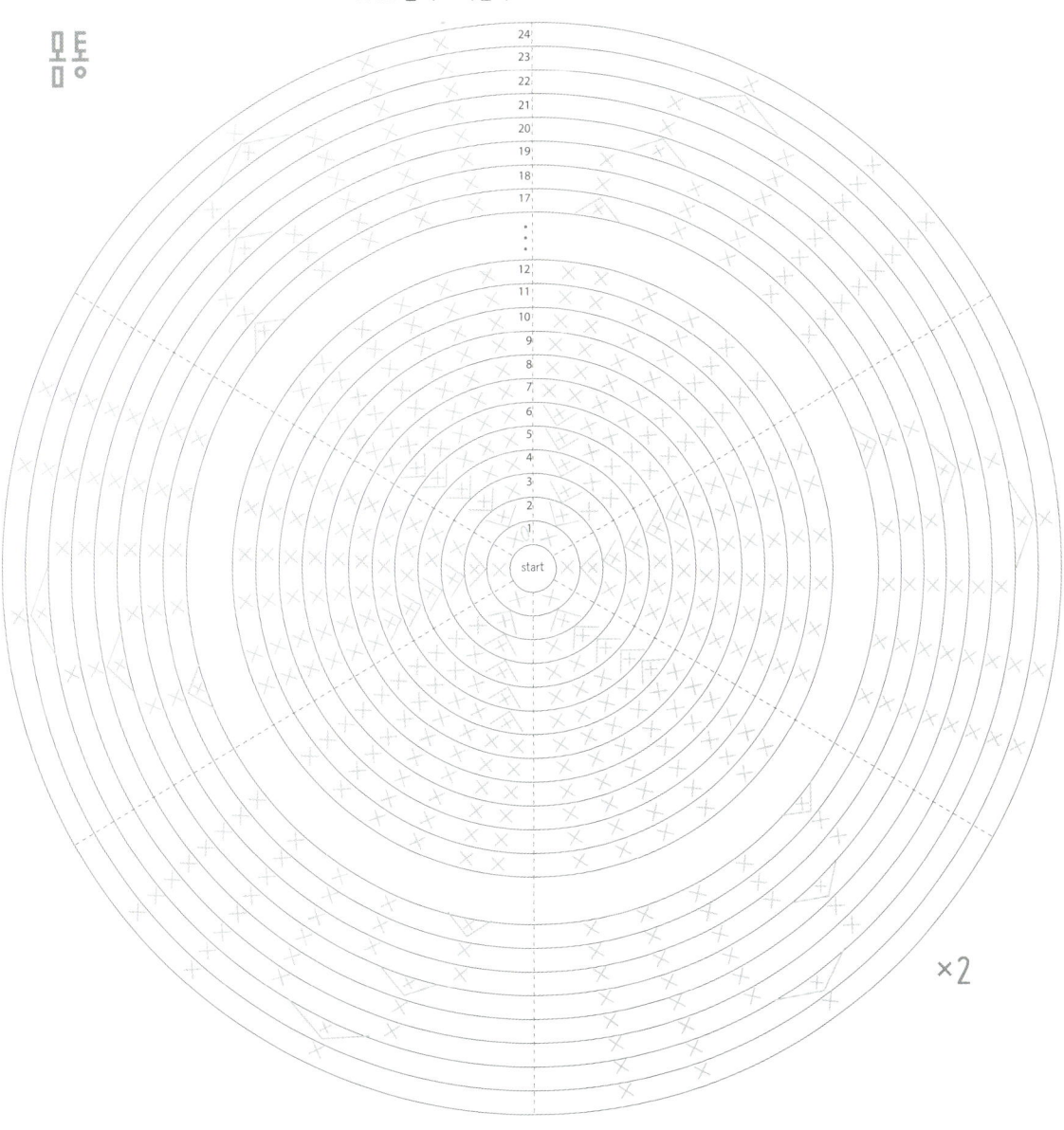

×2

팔

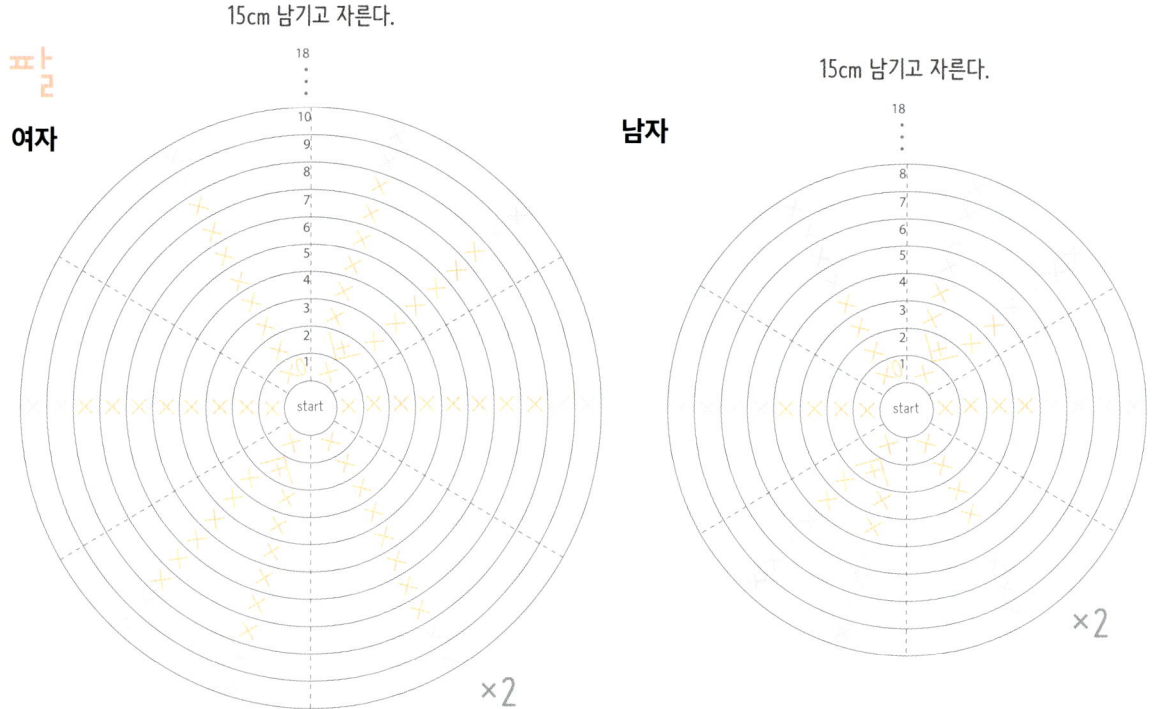

다리

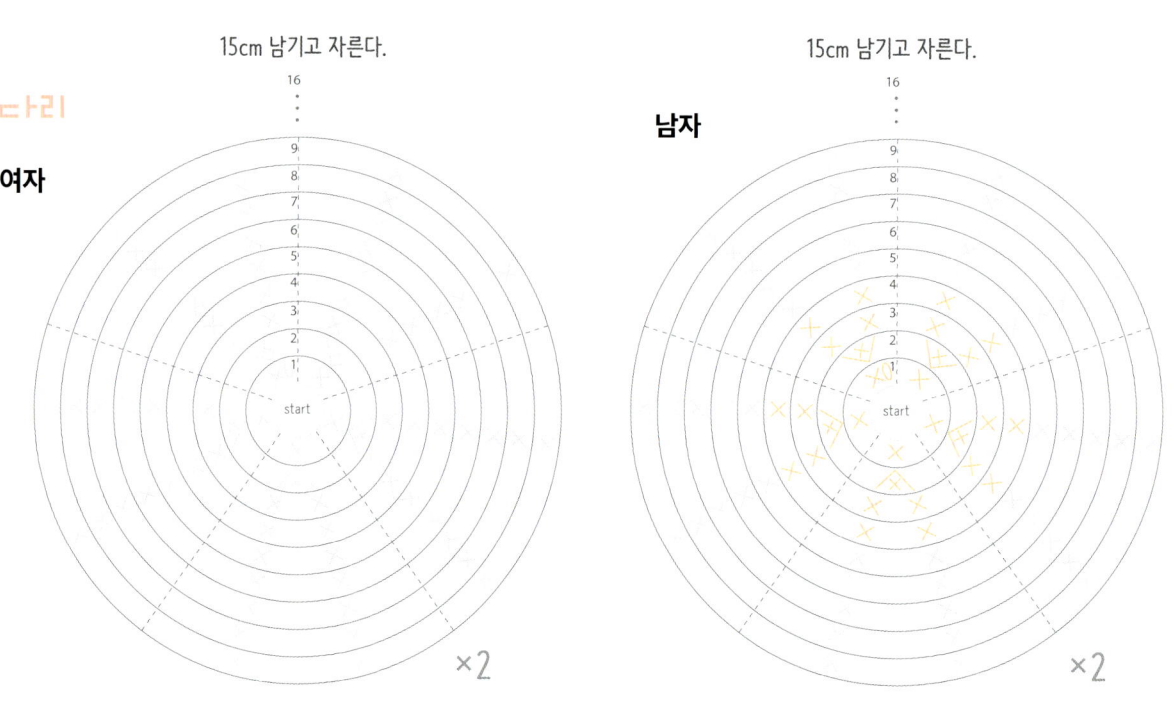

여자 머리, 남자 머리 도안
조립하기와 수놓기는 164, 165쪽 참고

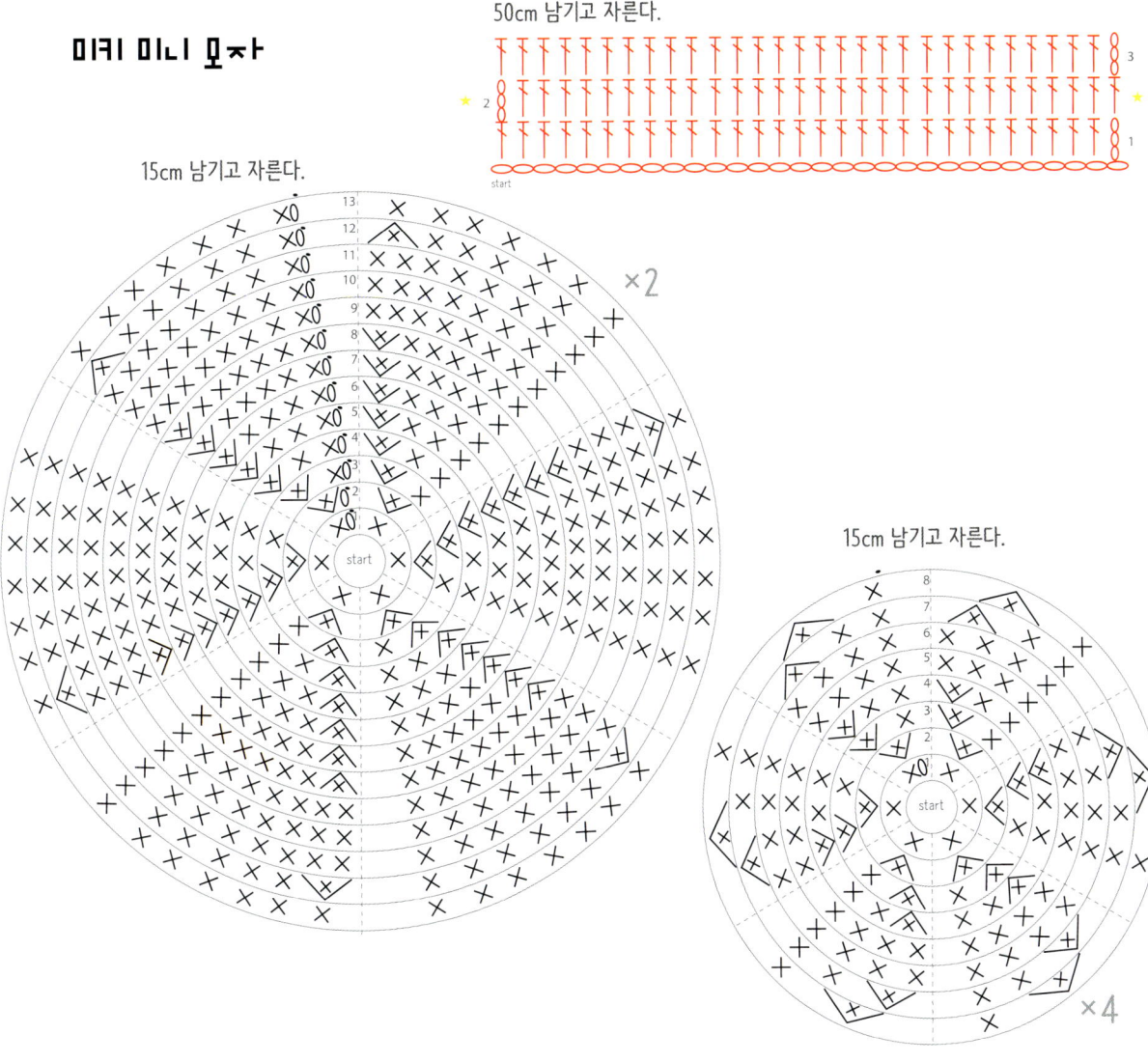

How to make 미키 미니 모자

공통

1. 미키 모자를 1~13단까지 짧은뜨기로 뜬다(42코).

2. 미키 귀를 1~8단까지 짧은뜨기로 2개 뜬다(12코).

3. 귀를 8단에 6번 감침질해 연결한다. 8코를 띄운 뒤 같은 방법으로 한 번 더 연결한다.

미니 모자

4. 빨간색 실로 리본을 뜬다. 사슬뜨기를 30번 뜬 뒤 한길긴뜨기 30코씩 3단을 뜬 다음 실 끝을 50cm 남기고 자른다.

5. ★과 ★을 마주하고 감침질해 원통을 만든 뒤 중심을 꿰매어 리본을 만든다. 귀와 귀 사이 중심에 빨간 리본을 달아준다.

미키마우스 팬츠

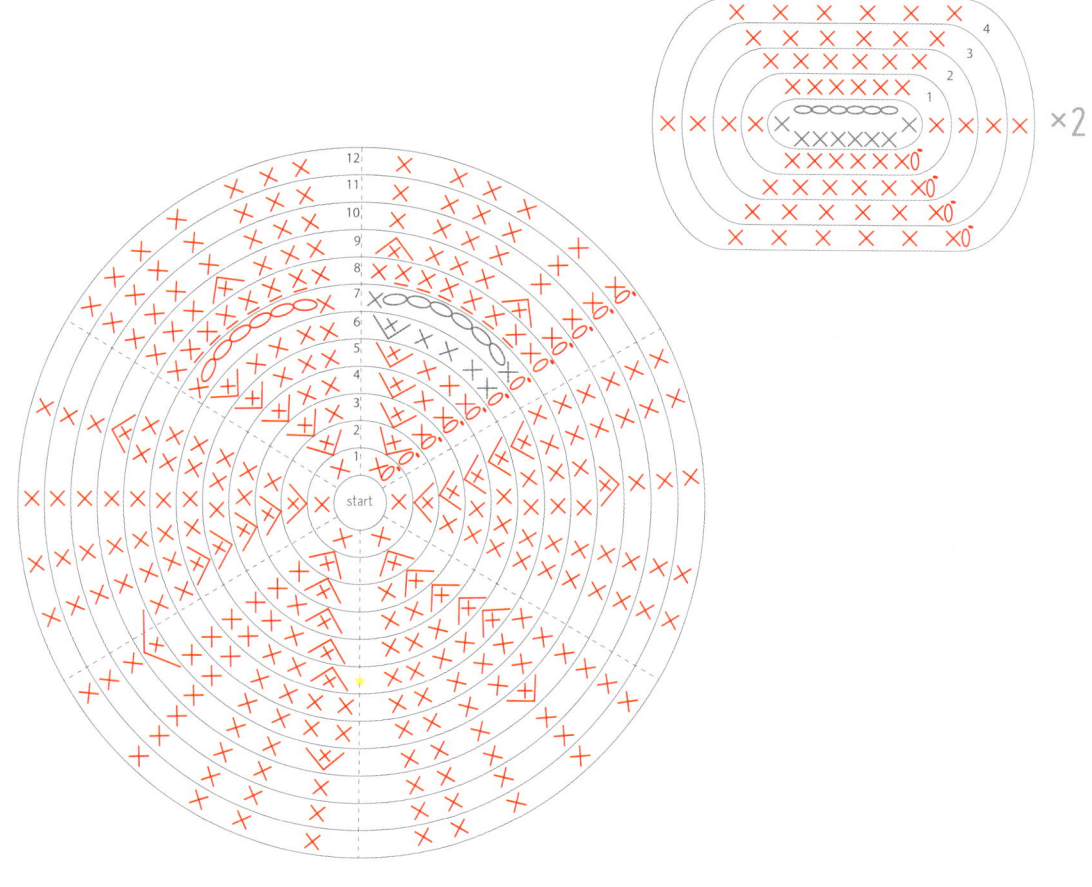

How to make 미키마우스 팬츠

기둥코를 세우고 빼뜨기해가며 한 단씩 뜬다.

1. 빨간색 실로 1~6단까지 짧은뜨기한다(36코).
2. 짧은 1코, 사슬 6코, 4코 띄우고, 짧은 2코, 사슬 6코, 4코 띄우고, 짧은 21코(40코).
3. 7단의 사슬코에서는 뒤이랑뜨기를 뜬다.
4. 짧은뜨기를 4단 더 뜬다(12단).

미키 팬츠통

5. 7단에서 14코를 주워 짧은뜨기를 뜬다.
6. 짧은뜨기를 3단 더 뜬다.
7. ★검은색 실로 5단의 중심에 사슬뜨기 15번, 빼뜨기 14번하여 꼬리를 만든다.

미니마우스 스커트

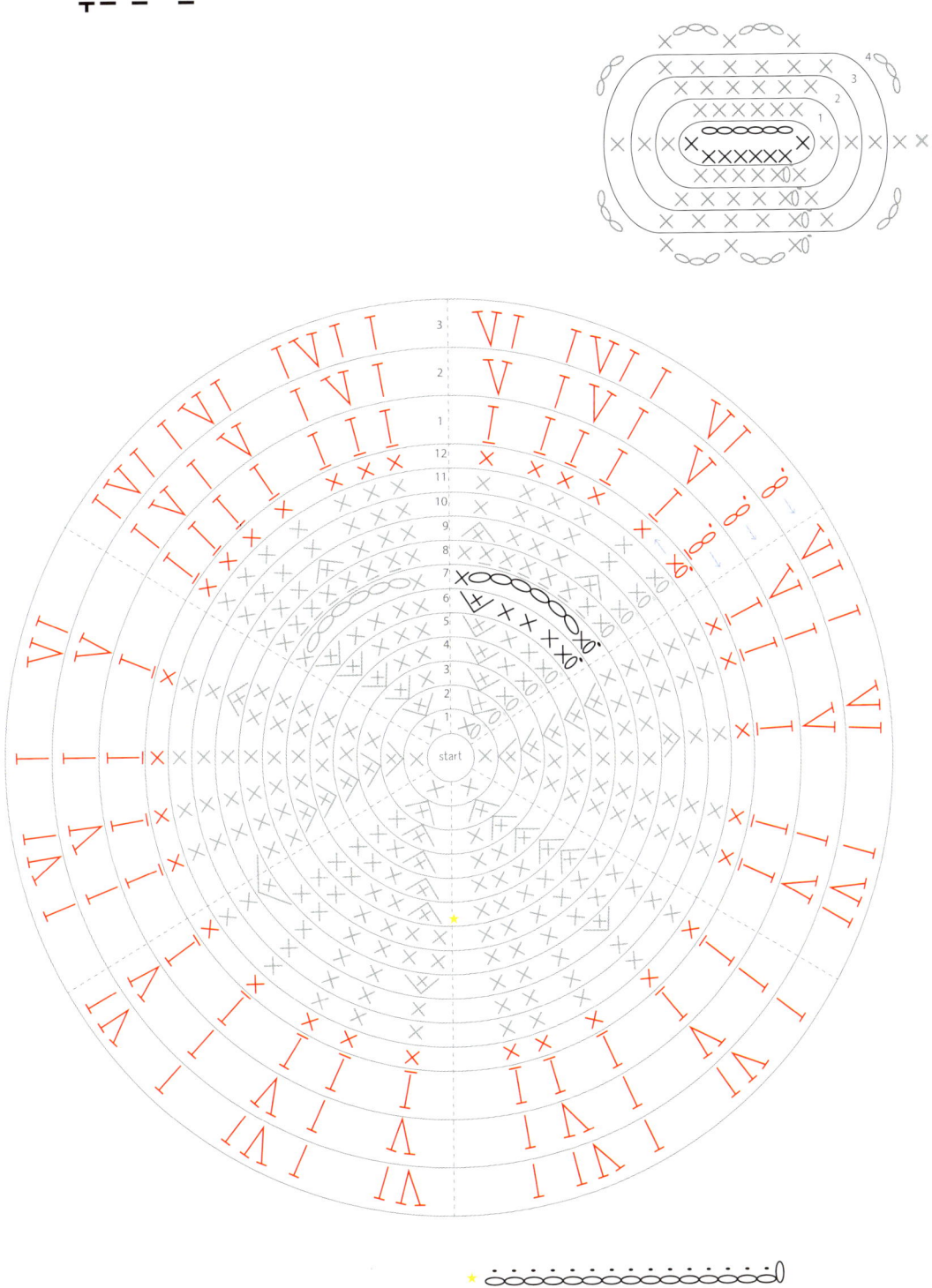

How to make 미니마우스 스커트

1 흰색 실로 1~11단까지 짧은뜨기한다.

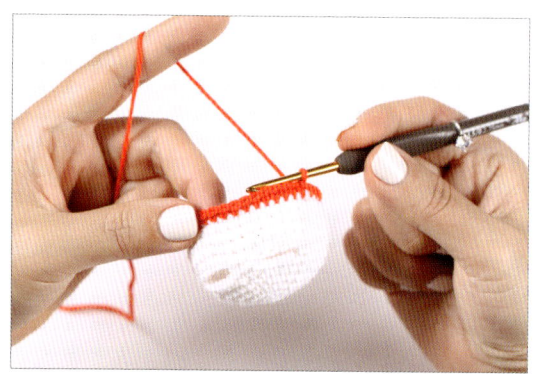

2 빨간색 실로 12단을 짧은뜨기한다.

스커트단

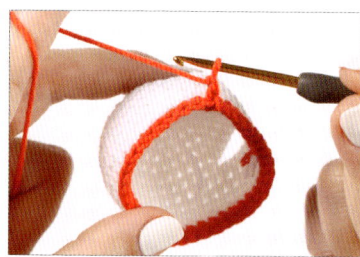

1 기둥을 세우고 방향을 바꾼다.

2 긴이랑뜨기를 1단 뜬다.

3 도안과 같이 스커트를 뜬다.

팬츠통

1 14코를 주울 위치를 확인한다(189쪽 참고).

2 　코를 주워가며 팬츠통을 뜬다.

3 　검은색 실로 6단의 중심에서 꼬리를 만들면
　 미니마우스 스커트 완성!

미키마우스 구두

10cm 남기고 자른다.

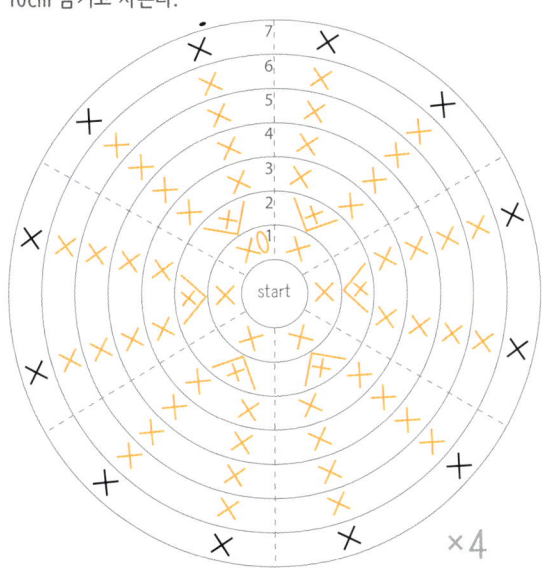

미니마우스 리본구두

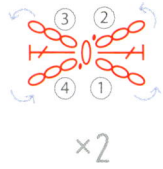

×2

How to make 구두

1 　노란색과 검은색 실로 구두를 뜬다.

2 　빨간색 리본을 떠 미니의 구두에 연결한다.

bee Stay at home

생년월일 2014년 2월 6일 micro 키 10cm 몸무게 10g

준비물

실, 코바늘, 가위,
돗바늘, 솜, 겸자

standard	면사 2mm
	모사용 코바늘 4.5호(2.75mm)
micro	면사 20수(1mm)
	레이스 코바늘 4호(1.25mm)

사용 기법

사슬뜨기
짧은뜨기
긴뜨기
한길긴뜨기
빼뜨기

실 색깔

● 갈색
○ 흰색
● 노랑
● 파랑
● 연살구

완성 크기

standard	키 19cm 몸무게 55g
micro	키 10cm 몸무게 10g

15cm 남기고 자른다.

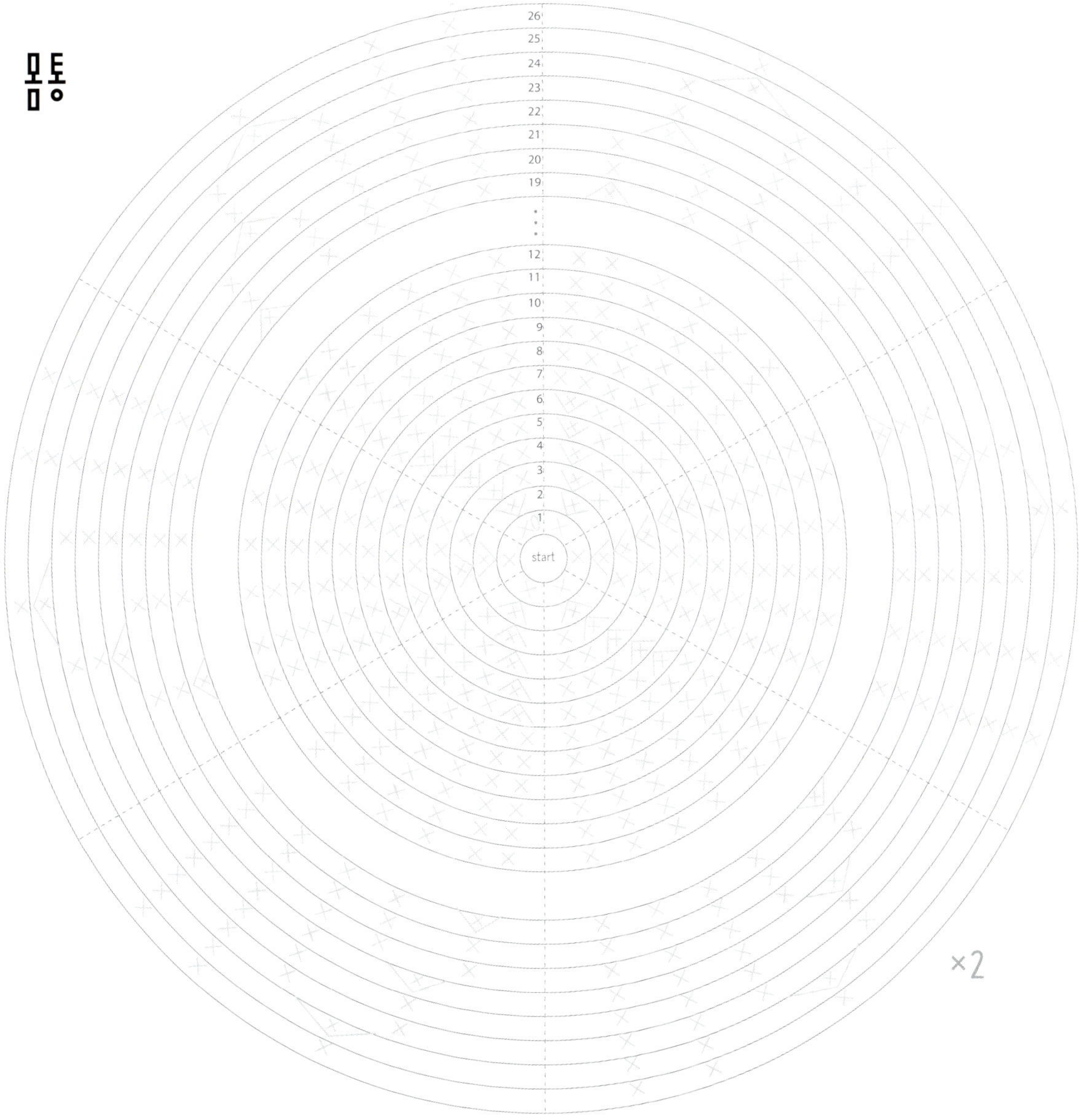

몸통

×2

팔

다리

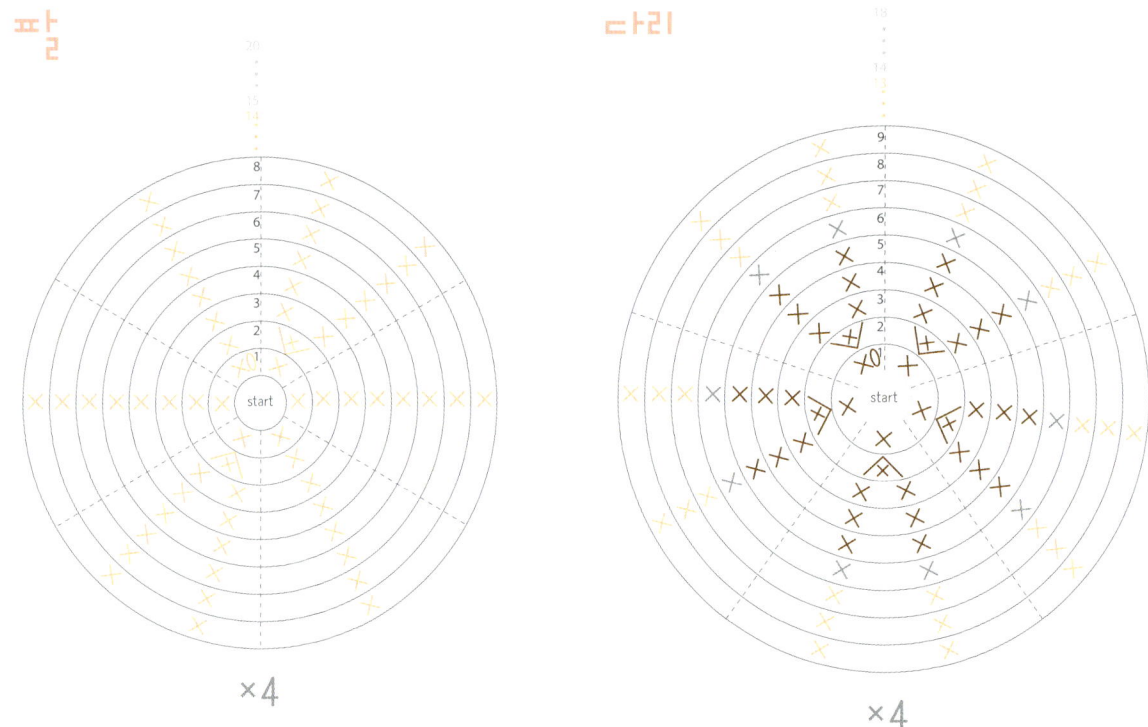

×4　　　　　　　　×4

여자 머리와 남자 머리 도안
조립하기와 수놓기는 164, 165쪽 참고

How to make
유치원 모자

1 1~13단까지 짧은뜨기를 한다(42코).

2 사슬뜨기 21코를 뜬 뒤 빼뜨기 20코를 떠서 오른쪽 끈을 만든다.

3 이어 짧은뜨기 3코, 긴뜨기 3코, 한길긴뜨기 14코, 긴뜨기 3코, 짧은뜨기 3코 뜬다.

4 사슬뜨기 21코를 뜬 뒤 빼뜨기 20코를 떠서 왼쪽 끈을 만든다.

5 짧은뜨기를 16번 뜬 뒤 마무리한다.

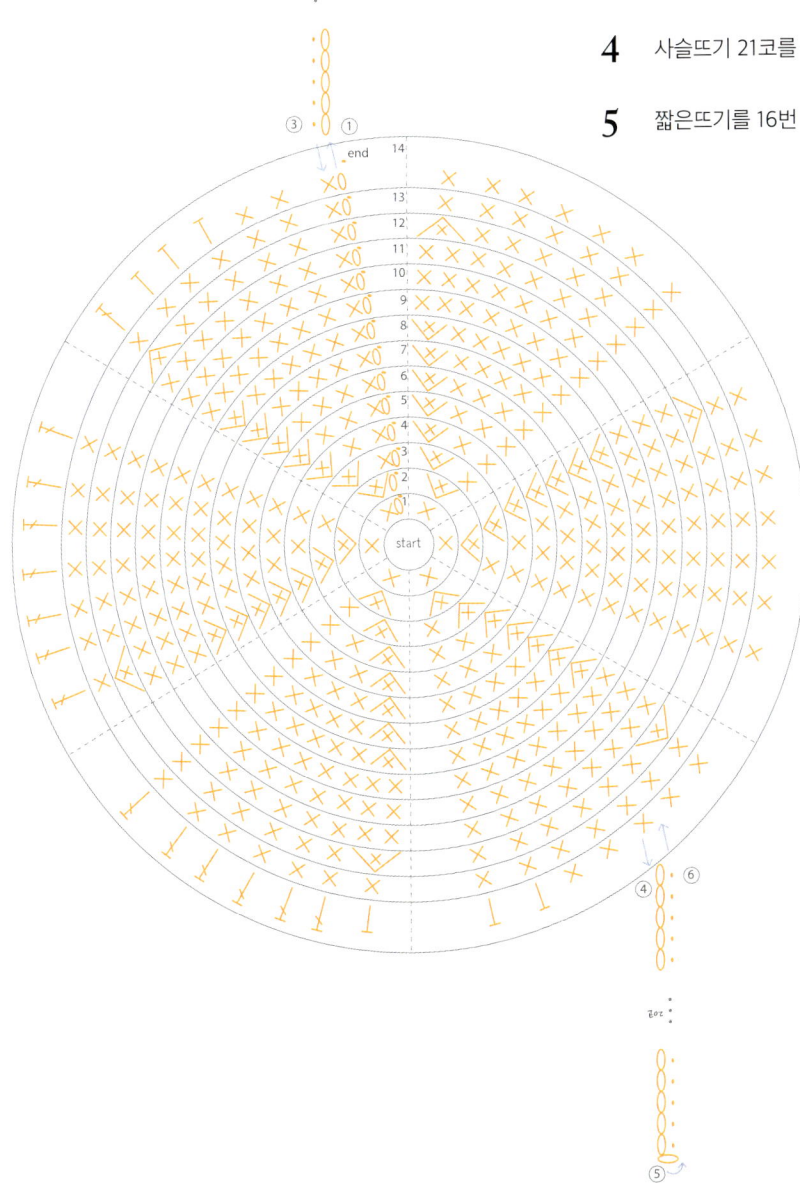

유치원 바지

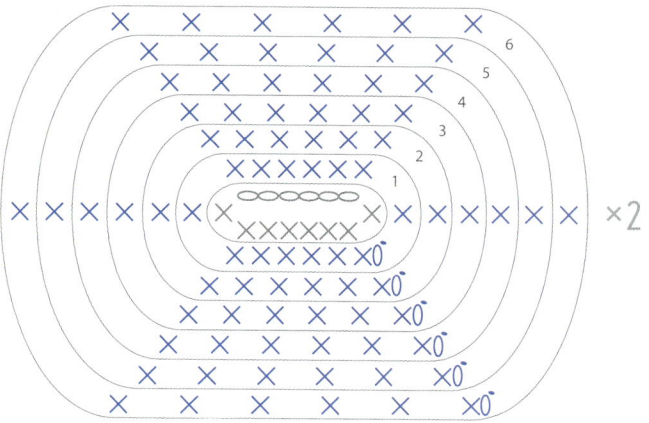

×2

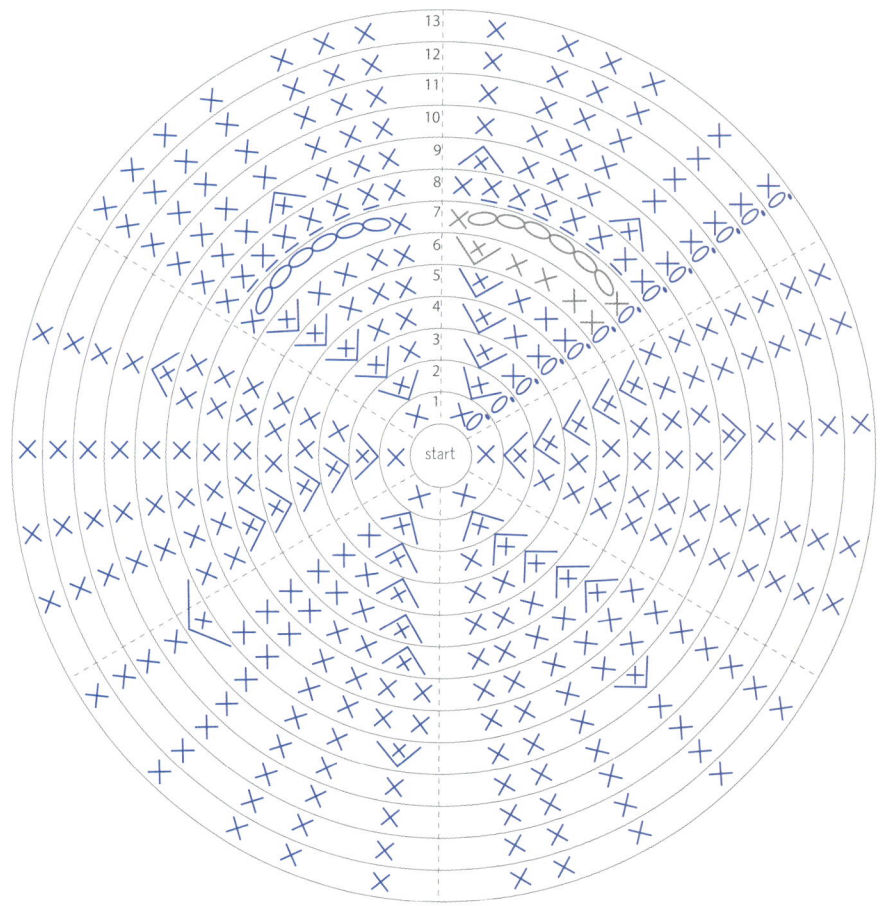

How to make 유치원 바지

1~7단

파란색 실로 1~7단까지 뜬다.

8단

사슬코에서만 이랑뜨기한다.

9~13단

도안처럼 짧은뜨기한다.

유치원 바지 다리통

1 바지통 14코를 주울 위치를 확인한다.

2 코를 주워 가며 짧은뜨기한다.

3 5단을 더 뜬다.

4 나머지 다리통도 짧은뜨기를 6단 뜬다.

5 유치원 바지 완성!

탬버린 가방

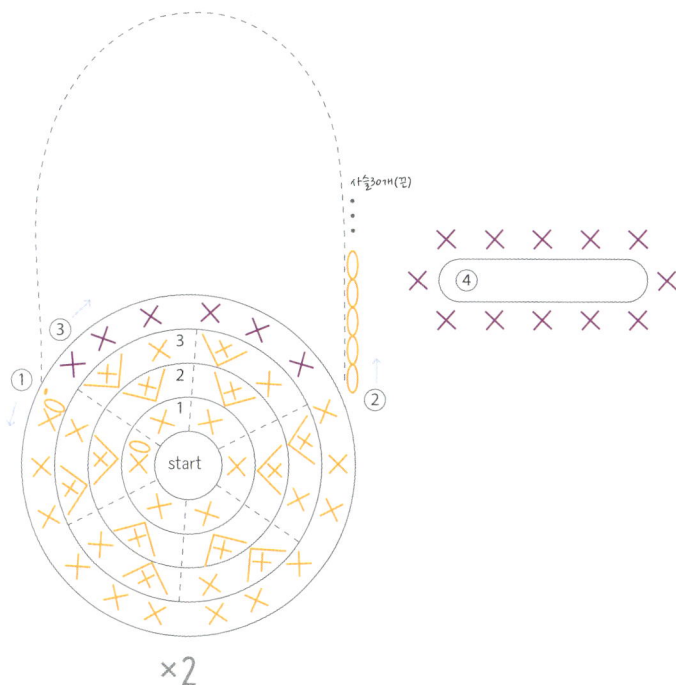

How to make 탬버린 가방

1. 노란색 실로 1~3단까지 짧은뜨기로 1장 뜨고 실을 자른다(18코).

2. 1과 같은 방법으로 1장 더 뜬다.

3. 1의 뒤와 2의 뒤를 마주하고 두 장 함께 짧은뜨기를 12코 뜬다.

4. 뜨던 방향 그대로 앞쪽 1장에만 짧은뜨기 6코 뜬 다음

5. 뒤쪽 1장에만 짧은뜨기 6코 뜬 뒤 빼뜨기한다.

6. 이어서 사슬뜨기 30코 뜬 뒤 6번째 코에서 빼뜨기하고 마무리한다.

Our hero
배트맨 슈퍼맨

New-tro
내복남 백수녀

Part 7

난이도 ✱✱✱

스페셜 인형

Our hero 배트맨 슈퍼맨

생년월일 2016.11.10 마이크로 키 9.5cm 몸무게 9.5g

standard

micro

준비물

실, 코바늘, 가위,
돗바늘, 솜, 겸자

standard	면사 2mm
	모사용 코바늘 4.5호(2.75mm)
micro	면사 20수(1mm)
	레이스 코바늘 4호(1.25mm)

사용 기법

사슬뜨기
짧은뜨기
한길긴뜨기
빼뜨기

실 색깔

● 갈색
● 노랑
● 빨강
● 파랑
● 검정
● 연회색
● 연살구

완성 크기

standard	키 20cm
	몸무게 55g
micro	키 9.5cm
	몸무게 9.5g

부자재

부직포(노란색, 빨간색), 네임펜, 목공본드

머리(공통)

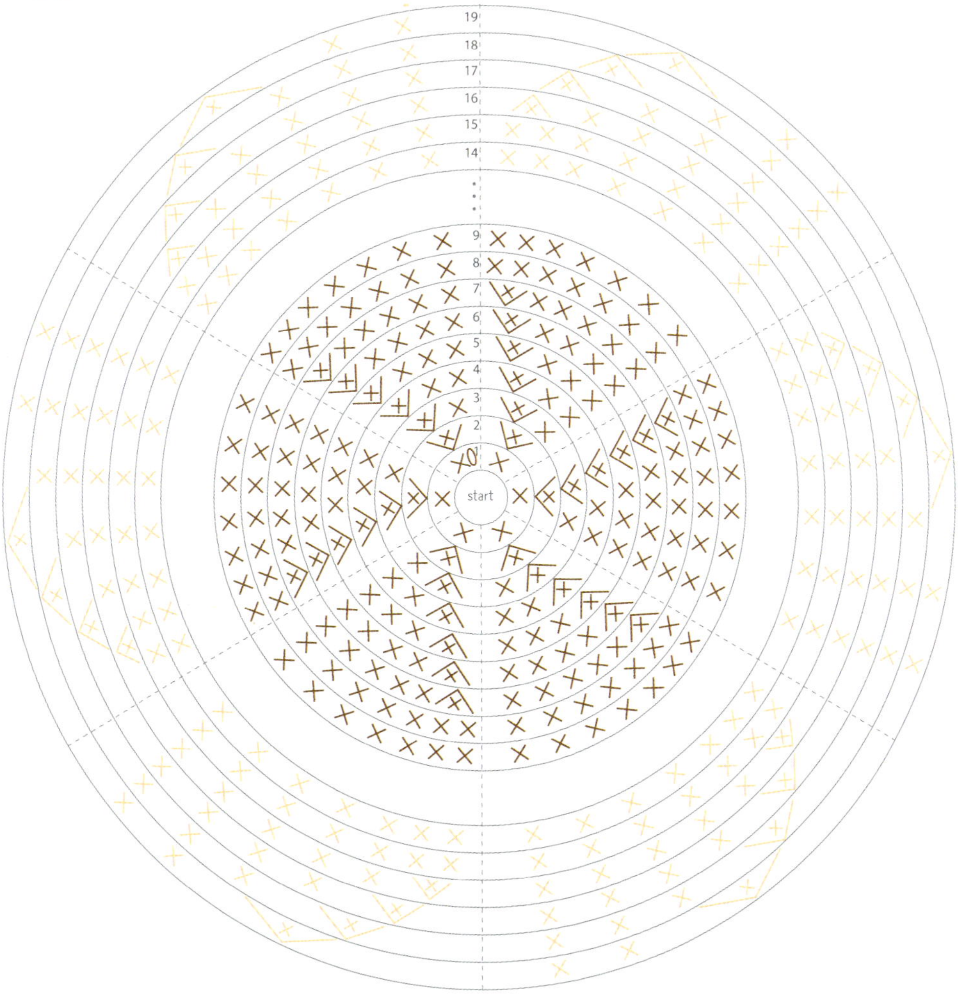

15cm 남기고 자른다.

팔

15cm 남기고 자른다.

×2

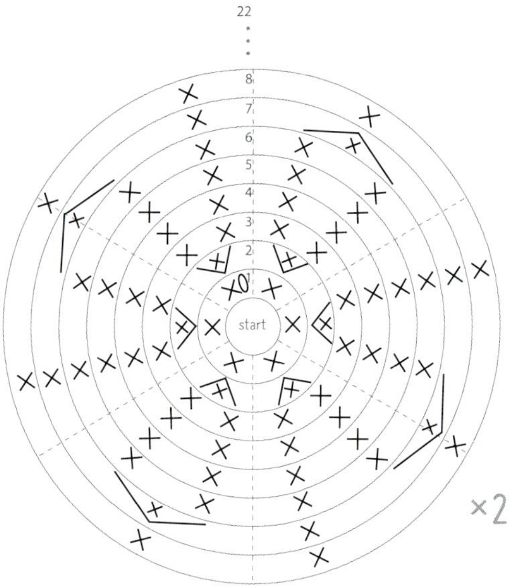

다리

15cm 남기고 자른다.

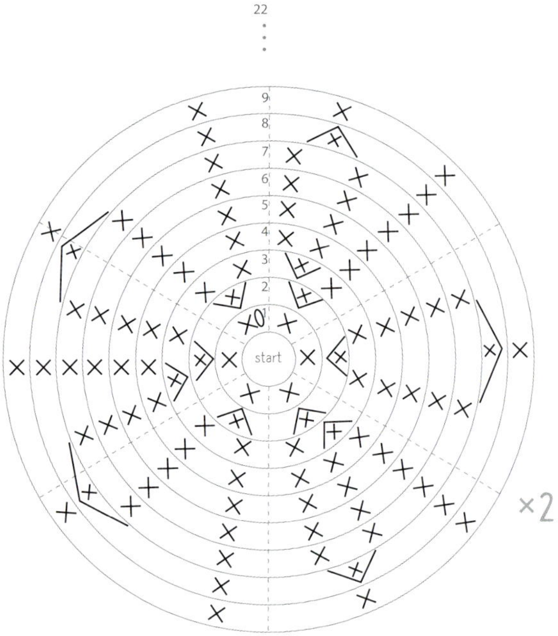

×2

슈퍼맨	배트맨	슈퍼맨	배트맨
🟠 연살구 1-5단	⚫ 검정 1-10단	🔴 빨강 1-10단	⚫ 검정 1-10단
🟣 파랑 6-22단	⚪ 연회색 11-22단	🟣 파랑 11-19단	⚪ 연회색 11-19단
		🔴 빨강 20-22단	⚫ 검정 20-22단

조립하기

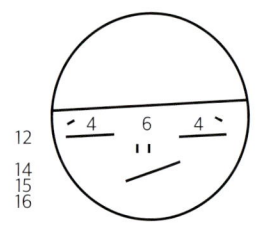

1. 머리와 몸통을 한 코마다 한 번씩 연결한다(73쪽 참고).
2. 팔은 몸통의 마지막 단(26단)에 좌우대칭으로 달아준다(74쪽 참고).
3. 다리는 몸통의 6단에 5코 연결하고 2코 띄운 뒤 한번 더 연결한다.

   Point 균형이 잘 맞을 때까지 조립을 여러 번 시도해보세요.

4. 눈은 갈색 실로 12단에 4코 수놓고, 눈과 눈 사이를 6코 띄워 4코 수놓는다. 이어 14단에 콧구멍을 "모양으로 수놓는다. 15~16단에 사선으로 입을 수놓아 완성한다.
5. 부직포와 네임펜으로 슈퍼맨, 배트맨 마크를 만들어 붙인다.
6. 모자와 망토를 씌워 완성한다.

몸통

슈퍼맨
- 🔴 빨강 1-8단
- 🟠 노랑 9-10단
- 🟣 파랑 11-26단

배트맨
- ⚫ 검정 1-8단
- 🟠 노랑 9-10단
- ⚪ 연회색 11-26단

15cm 남기고 자른다.

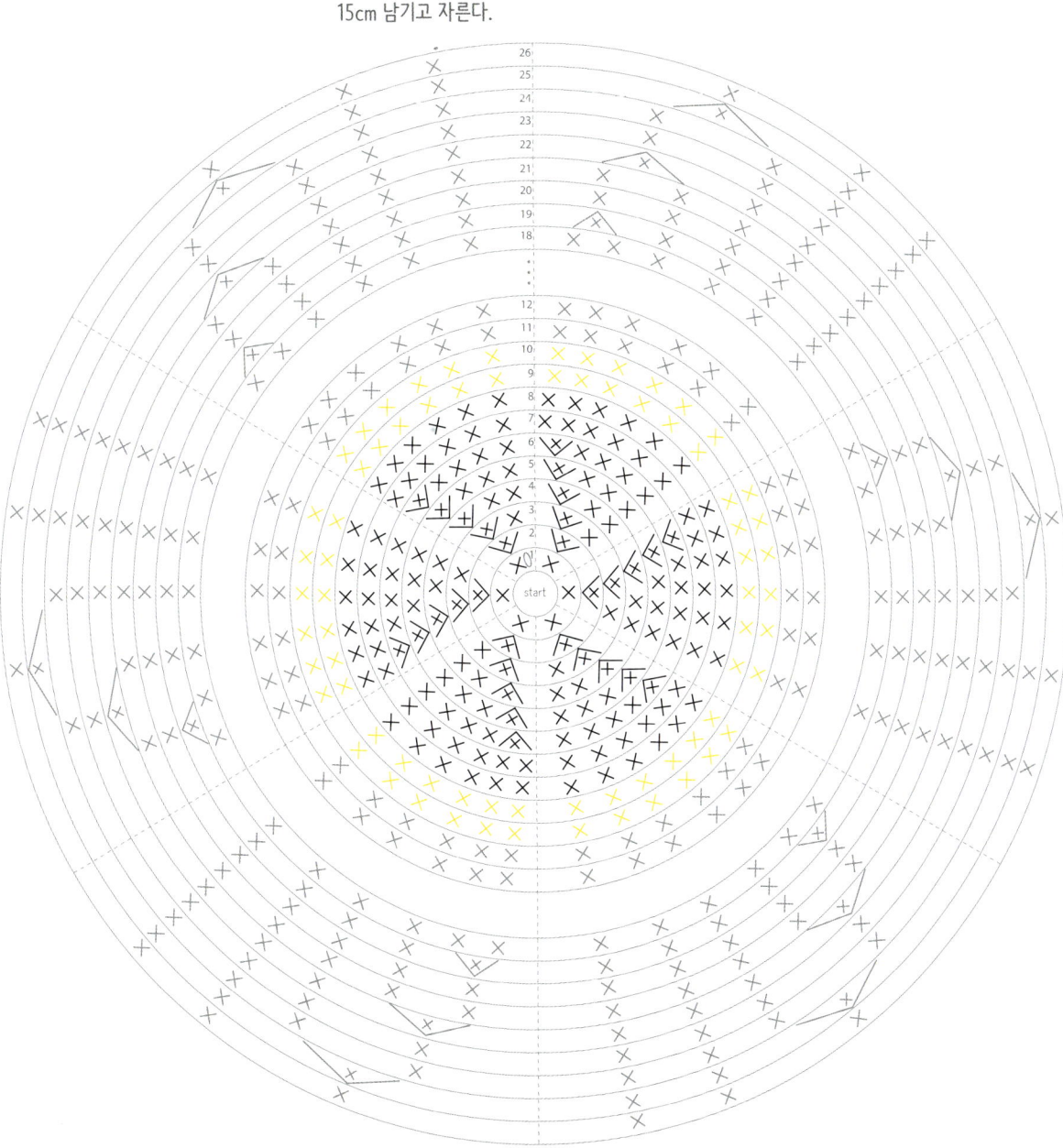

모자

10cm 남기고 자른다.

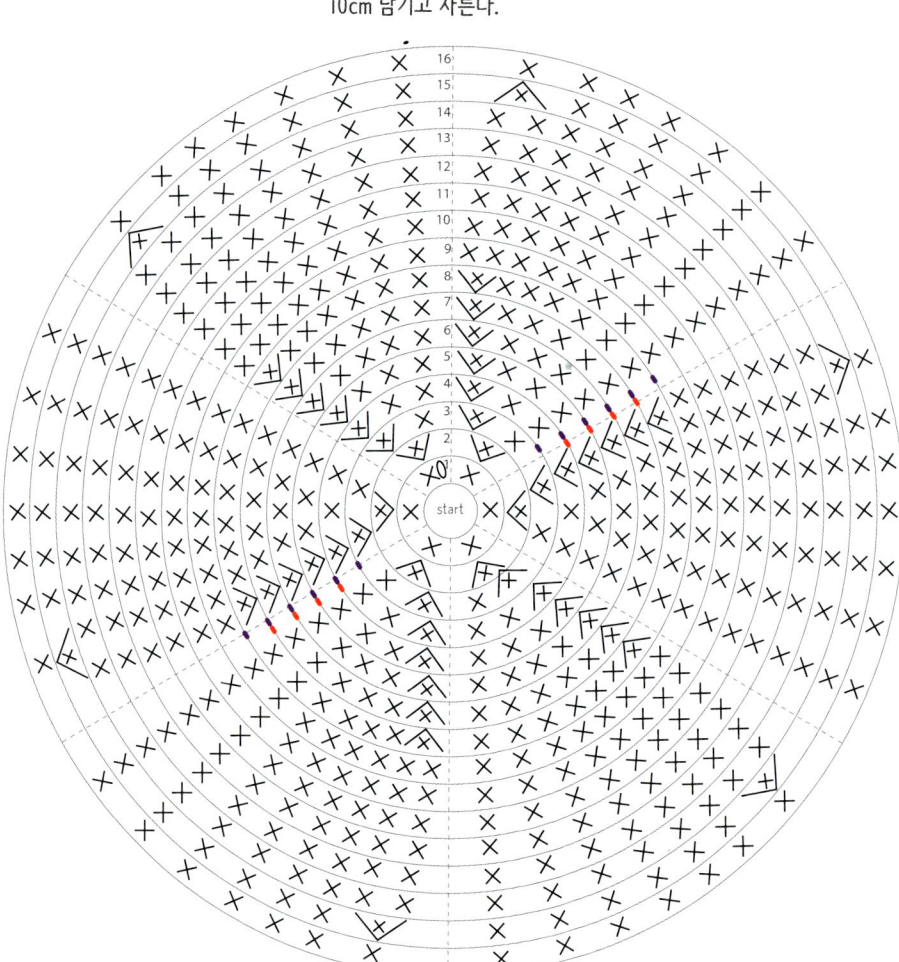

망토

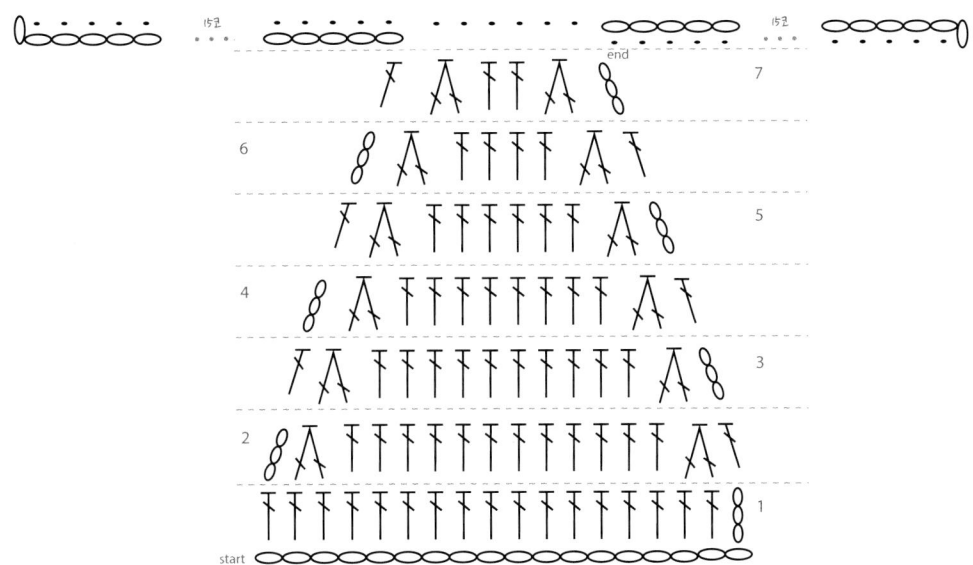

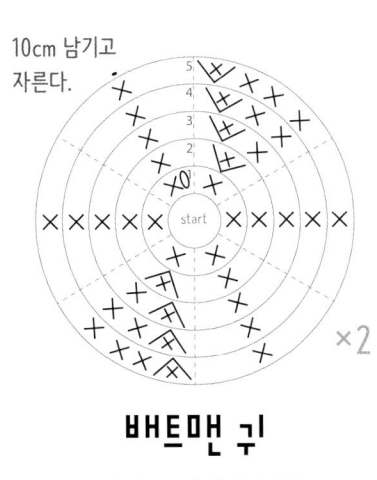

배트맨 귀
모자의 4~7단에 연결한다.

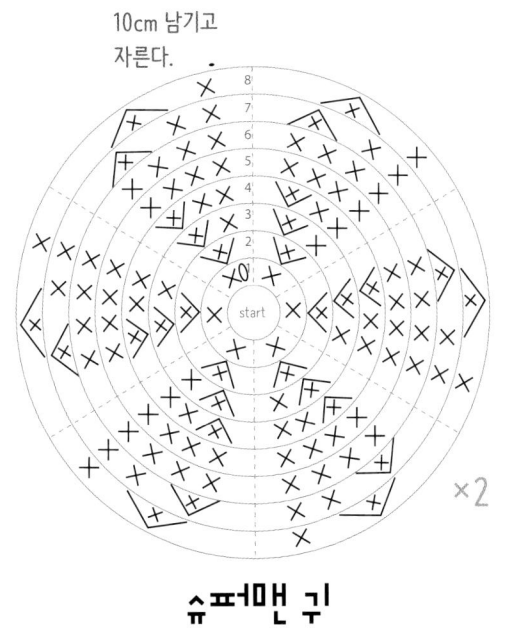

슈퍼맨 귀
모자의 3~8단에 연결한다.

New-tro 내복남 백수녀

생년월일 2010.12.13 마이크로 키 10.5cm 몸무게 10.5g

준비물

실, 코바늘, 가위,
돗바늘, 솜, 겸자

standard	면사 2mm
	모사용 코바늘 4.5호(2.75mm)
micro	면사 20수(1mm)
	레이스 코바늘 4호(1.25mm)

사용 기법

사슬뜨기
짧은뜨기
한길긴뜨기
빼뜨기

실 색깔

● 갈색
● 빨강
● 연회색
○ 연살구

완성 크기

standard	키 22cm 몸무게 63g
micro	키 10.5cm 몸무게 10.5g

남자 머리

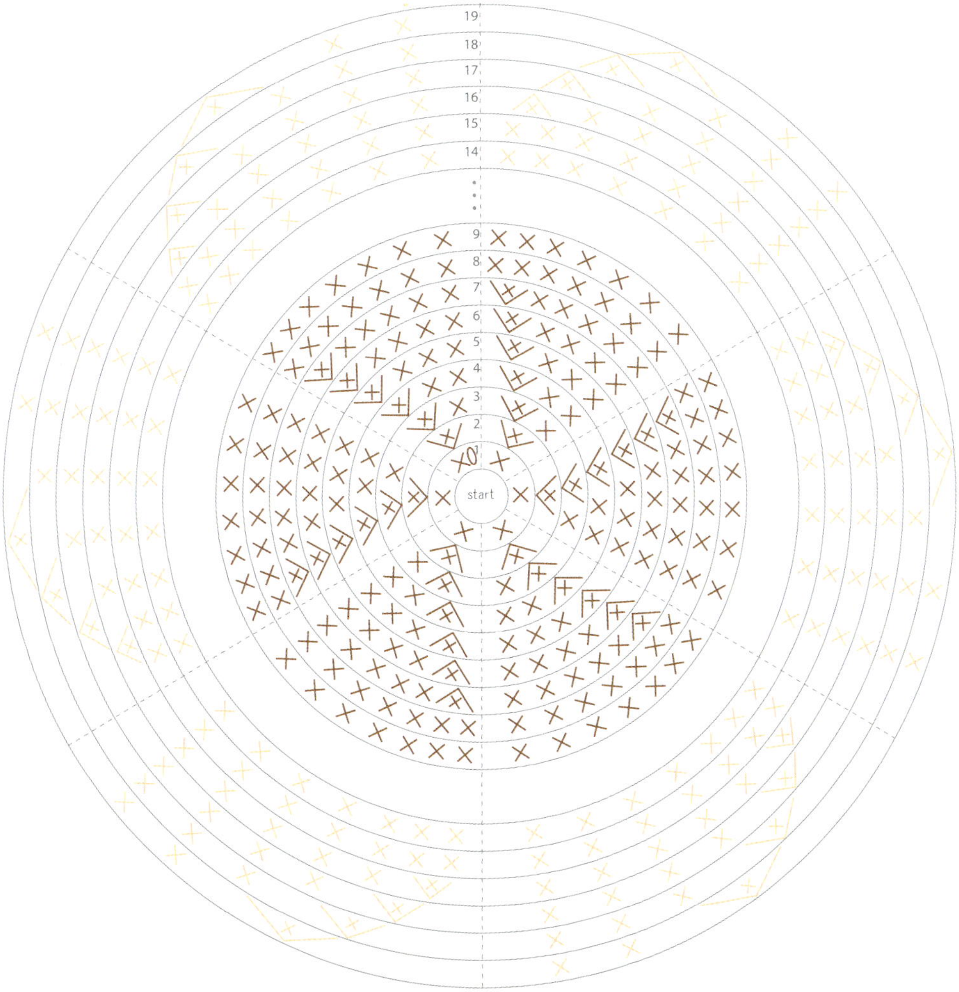

15cm 남기고 자른다.

여자 머리

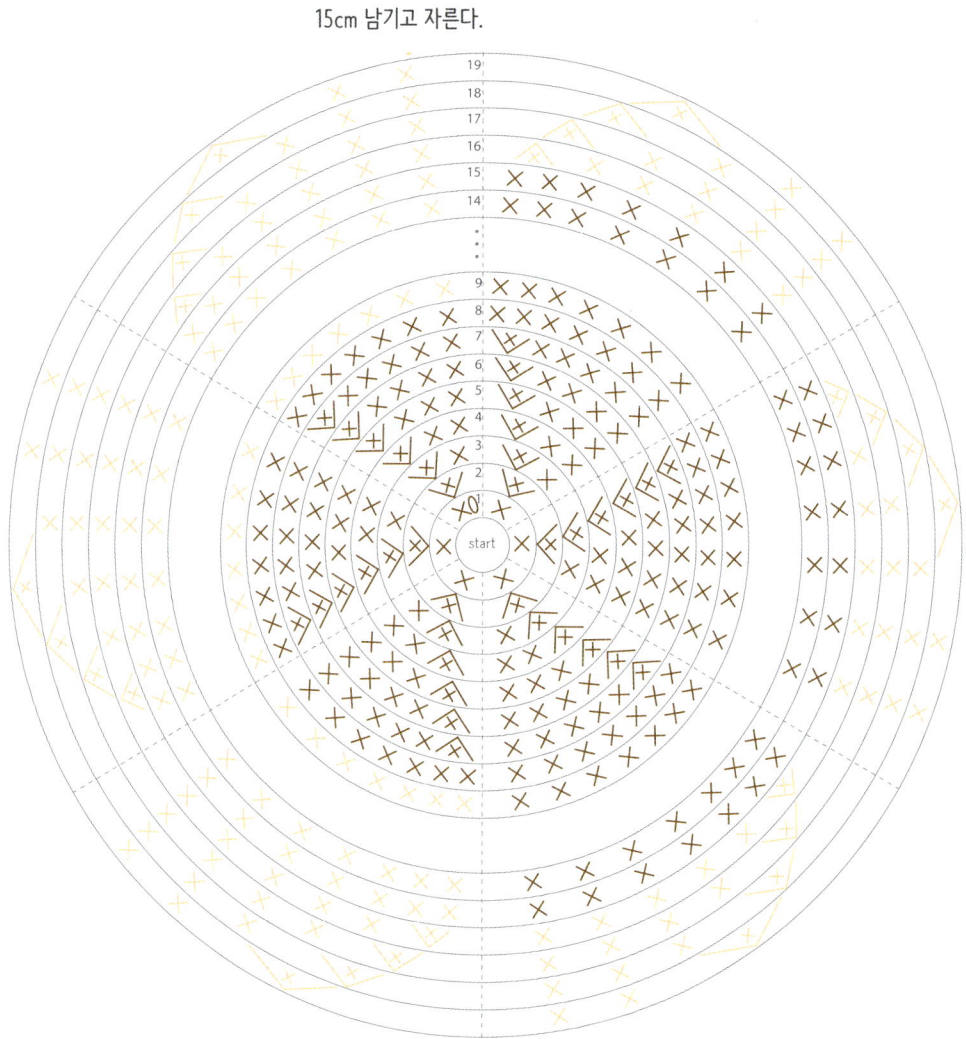

15cm 남기고 자른다.

몸통

15cm 남기고 자른다.

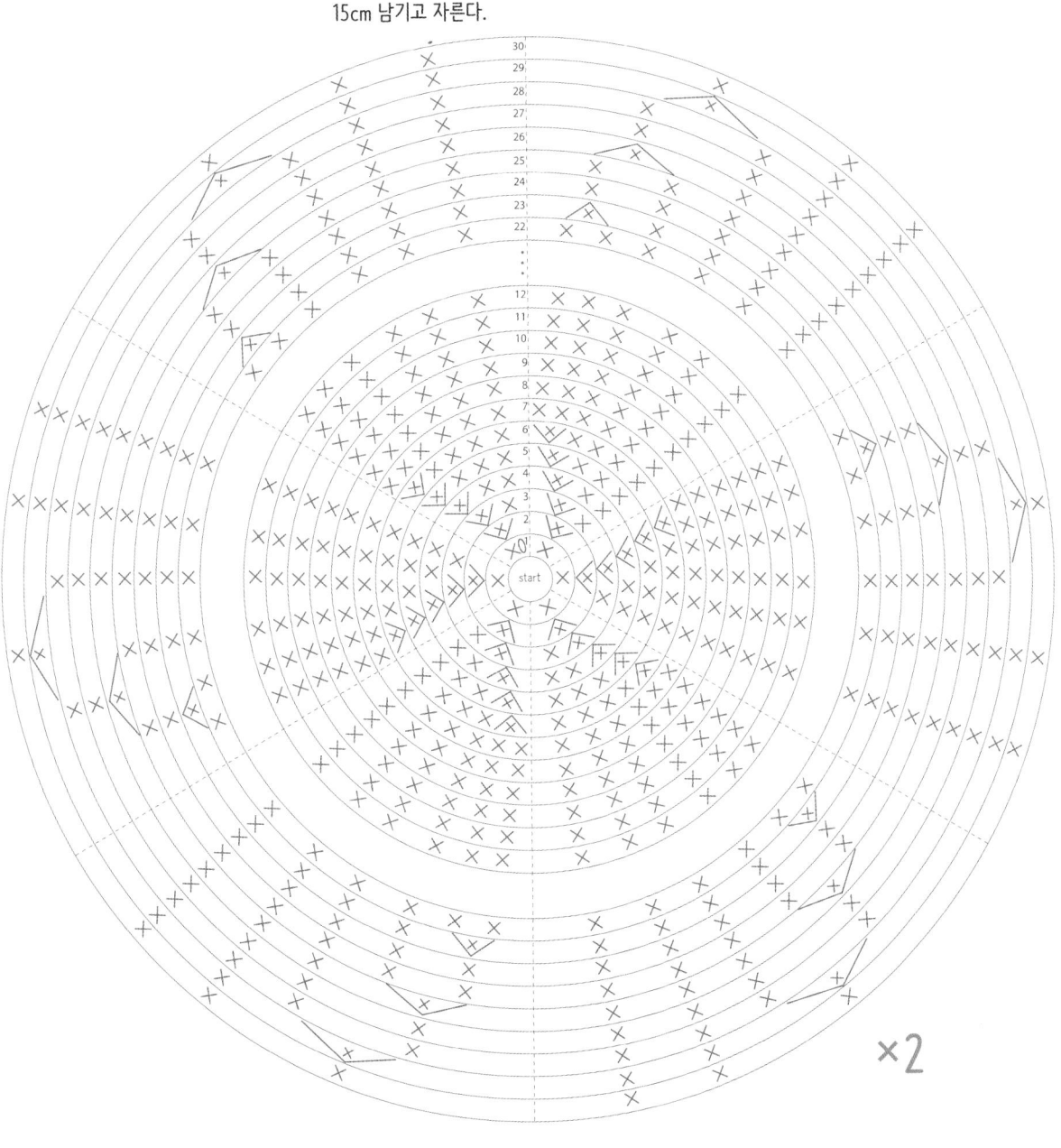

×2

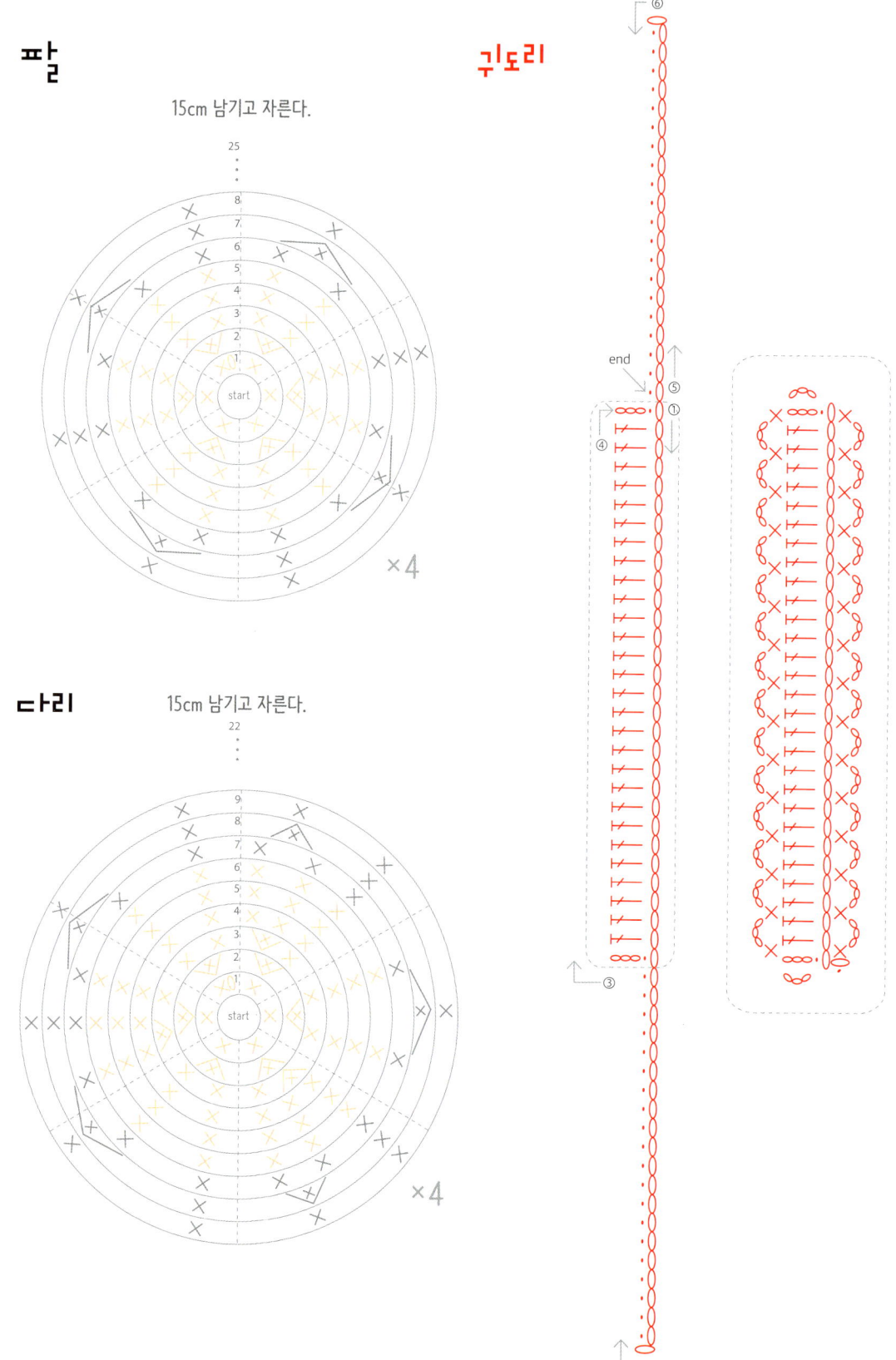

How to make 뉴트로 내복남 백수녀

조립하기

1 머리와 몸통을 한 코마다 한 번씩 연결한다(73쪽 참고).

2 팔은 몸통의 마지막 단(30단)에 좌우대칭으로 달아준다(74쪽 참고).

3 다리는 몸통의 6단에 5코 연결하고 2코 띄운 뒤 한번 더 연결한다.

   Point 균형이 잘 맞을 때까지 조립을 여러 번 시도해보세요.

수놓기
내복남

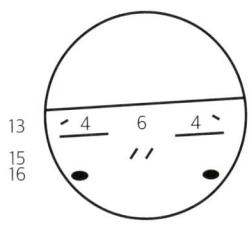

눈은 갈색 실로 13단에 4코 수놓고,
눈과 눈 사이를 6코 띄운 뒤 4코 수를 놓는다.
이어 15단에 콧구멍을 "모양으로 수놓은 다음
눈 좌우 끝에 눈썹을 한 땀씩 수놓는다.
핑크색 실로 16단에 세 땀씩 볼터치 한다.

백수녀

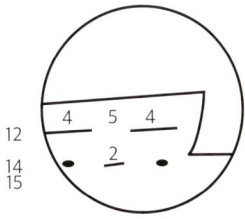

눈은 갈색 실로 12단에 4코 수놓고,
눈과 눈 사이를 5코 띄운 뒤 4코 수를 놓은 다음
15단의 중앙에 입술을 두 땀 수놓는다.
핑크색 실로 14단에 두 땀씩 볼터치 한다.

찾아보기

구멍 막아 마무리하기 27
긴뜨기 47
레이지데이지 스티치 40
매듭짓고 실 정리하기 28
빼뜨기 22
사슬뜨기 20
솜 넣기 27
실 꺼내기 14
실 걸기 & 바늘 잡기 14
스트레이트 스티치 34
짧은2코넣어뜨기 24
짧은2코모아뜨기 25
짧은뜨기 21
짧은이랑뜨기 83
피코뜨기 143
한길긴 뒤걸어뜨기 153
한길긴 앞걸어뜨기 152
한길긴2코넣어뜨기 150
한길긴2코모아뜨기 156
한길긴3코구슬뜨기 184
한길긴뜨기 48
한길긴이랑뜨기 142

(노)고양이 물고기 120, 122
(락)원숭이 바나나 120, 127
(멍)토끼 120, 128
(애)곰 고기 120, 125
(잠)수달 120, 128
(희)강아지 뼈다귀 120, 122
0세 아기 173
2세 181
4세 195
6세 203

결혼 남자 165
결혼 여자 164
귀도리 222
귀요미 귤 61
귀요미 딸기 64
귀요미 레몬 62
귀요미 바나나 65
귀요미 복숭아 57
귀요미 사과 54
귀요미 서양배 59
귀요미 아보카도 60
귀요미 체리 46
내복남 219
눈사람 145
눈사람 모자 144
눈사람 목도리 144
레몬 멍 108, 112
마카롱 179
멸치 야옹 108, 113
물고기 113, 124
미니마우스 리본구두 201
미니마우스 스커트 199
미키 미니 모자 197
미키마우스 구두 201
미키마우스 팬츠 198
바구니 3종 134
바나나 원숭이 108, 114
배트맨, 슈퍼맨 귀 217
배트맨, 슈퍼맨 망토 217
배트맨, 슈퍼맨 모자 216
배트맨, 슈퍼맨 옷 213
백수녀 220
블루 바지 85
비키니 탑 192
사과 토끼 108, 111
서양배 곰 108, 110

소녀 69
소년 69
수영 모자 183
수영 팬츠 186
스위트 꿀벌 177
아이스크림 178
알로하 개미 93
얼룩 고양이 93
옐로 모자 79
웨딩드레스 170
유치원 모자 205
유치원 바지 206
작은 호박 134
쪼꼬미 귤 34
쪼꼬미 딸기 40
쪼꼬미 레몬 36
쪼꼬미 바나나 43
쪼꼬미 복숭아 30
쪼꼬미 사과 20
쪼꼬미 서양배 31
쪼꼬미 아보카도 32
쪼꼬미 체리 38
체리 수달 108, 115
캉캉 스커트 187
캔디 179
크리스마스 요정 모자 155
크리스마스트리 141
큰 호박 133
탬버린 가방 209
턱시도 168
털모자 147
튜브 193
핑크 원피스 88
핼러윈 마녀 모자 138
핼러윈 마법사 모자 139
핼러윈 요정 모자 139